学习·实践

论语·正解

正心稳心之解

上

孔德兵 著

新华出版社

图书在版编目（CIP）数据

论语·正解：正心稳心之解. 上 / 孔德兵著. —北京：新华出版社，
2020.9

ISBN 978-7-5166-5262-6

Ⅰ. ①论… Ⅱ. ①孔… Ⅲ. ①儒家②《论语》–研究 Ⅳ. ①B222.25

中国版本图书馆CIP数据核字（2020）第138539号

论语·正解：正心稳心之解（上）

作　　者：孔德兵

责任编辑：蒋小云　　　　　　　　　　封面设计：李尘工作室

出版发行：新华出版社
地　　址：北京市石景山区京原路 8 号　　　邮　　编：100040
网　　址：http：//www.xinhuapub.com
经　　销：新华书店
　　　　　新华出版社天猫旗舰店、京东旗舰店及各大网店
购书热线：010-63077122　　　　中国新闻书店购书热线：010-63072012

照　　排：李尘工作室
印　　刷：北京卓诚恒信彩色印刷有限公司
成品尺寸：170mm×240mm　　1/16
印　　张：13.5　　　　　　　　　　　字　　数：256千字
版　　次：2021年1月第一版　　　　　印　　次：2021年1月第一次印刷
书　　号：ISBN　978-7-5166-5262-6
定　　价：42.00元

高举习近平新时代中国特色社会主义思想伟大旗帜，牢固树立政治意识、大局意识、核心意识、看齐意识，坚定中国特色社会主义道路自信、理论自信、制度自信、文化自信，坚决做到两个维护！

　　学习强国！不忘初心，牢记使命，为中国人民谋幸福，为中华民族谋复兴！

论语者，伦理之语也，论伦理之语也；言伦理之语，文而化之，以教人也；所教人者，三纲·五常·八条目，皆伦理也。

三纲者，明明德，亲民，止于至善也；

五常者，父子之慈孝也，君臣之敬忠也，夫妇之爱亲也，兄弟之悌怀也，朋友之诚信也；父慈于子，子孝于父；君敬于臣，臣忠于君；夫爱于妇，妇亲于夫；兄悌于弟，弟怀于兄；朋诚于友，友信于朋；悌者，心中有弟也；怀着，心不妄欲也；

八条目者，格·致·诚·正·修·齐·治·平；

平也，格物·致知·诚意·正心·修身·齐家·治国·平天下也；

至于，九经者，修·尊·亲·敬·体·子·来·怀·柔，修身也·尊贤也·亲亲也·敬大臣也·体群臣也·子庶民也·来百工也·怀诸侯也·柔远人也；皆寓于八条目也。

故而，三纲·五常·八条目，皆伦理也；其语亦皆伦理之语也；

论伦理之语者，论语也！

经者，亦史也；史者，亦经也；且凡事理与经史者，于其事而言谓之史，于其理而言谓之经；故而《论语》亦史也，夫子及其弟子经伦春秋之史也；

史也，其为善者，存其迹而示人；其为恶者，削其事存其戒以杜奸；此所以，夫子删述鲁史《春秋》而成经也；

此间，孔子问学于老子，老子与孔子相学而进，遂，《道德经》《论语》成也；

儒者，人之需（☵）也；道者，人之行也；佛者，人弗妄为也；人不需非儒也，人不行非道也；人不妄为即佛也；言而发用于世者，传而习也！故而，《论语》亦道也，《道德经》亦伦理也！

心存伦理，恭而示之于天·地·人，则礼也；以音·色悦人之心，则乐也，此之谓礼乐也；

仅悦耳而弗悦心之音，非礼也，勿听也；若卫音，靡也；夫子去子也；

仅悦目而弗悦心之色，亦非礼也，勿视也；若郑声，淫也；夫子放之也；

非礼之音·色，皆非乐也；因其仅悦耳目而弗悦人之心也；

故而，夫子去卫音·放郑声，而成《诗》三百，长传于世而为经也。

《论语》传于世，经焚书坑儒、竹折简消、增补解注诸事，历春秋战国、先秦、两汉而至今，早已非原来所文也；然，仁、义、礼、信之理亘古未变，终始一也；

书中，"现原文"乃现今常见之原文；诚如孟子所言"尽信书，不如无书"，旨于正心稳心，经重新断句调整，"正解文"乃利于正心稳心而解之文；"注释"为"正解文"而注；"正解"乃"正解文"之解，正心稳心之解；"引解"乃举一反三，通心明理，引申之解。

此寥寥数言，旨于通于心，明其理，以达正心稳心之正解，大力弘扬中国优秀传统文化，传播正能量。

吾等用心学习实践体悟中国优秀传统文化，知行合一致其知，从心体悟《传习录》《周易》《道德经》《大学》《中庸》《论语》等，大道至简，而后从易而解☳，期以正心稳心，坚定国人四个自信！

学而时习之，希翼能为大家带来清新明朗的心身体悟，若着实受用，乃我荣幸，望对大家能有些许参阅价值。

寥寥数言，实属吾辈之浅见；不求异于人，且求同于理，欢迎广大有志于弘扬中国优秀传统文化者交流探讨批评，敬谢之至！

云南·昆明

目 · 录
CONTENTS

学而·第一·习也

学而，学而时习之；习，实践；学而为用，知行合一也；知之真切笃实处即是行，行之明觉精察处即是知也。

· ● ○ ● ·

【现原文】

子曰："学而时习之，不亦说乎？有朋自远方来，不亦乐乎？人不知而不愠，不亦君子乎？"

【正解文】

子曰：学而时习之，不亦悦乎？有朋自远方来，不亦乐乎？人不知而不愠，不亦君子乎？

【注释】

子：夫子；孔子弟子对老师的敬称。

曰：言，以为，认为。

学：不知而欲知，不懂而欲懂，不会而欲会，不能而欲能者，之谓学也。

时：与时，适时，同时。

习：实践，发用于世也。

悦：心中悦也；若《易》之兑 yuè 卦（☱），君子以朋友讲习，心中悦也。

乐：le；心中悦，而乐也。

知：良知，致良知，知礼也。

愠：心中有怨也；不愠：不怨也，责己恕人也，责善也，已致良知而不怨人也。

【正解】

夫子言：学而同时实践于世，不亦悦乎？有朋自远方来，不亦乐乎？人不知礼而已心中不怨，不亦君子乎？

【引解】

夫子教化于人：学以致用，学而发用于世也；以人为师，朋友讲习，教学

— 1 —

相长，切磋共进也；责己恕人也，致己之良知也。

【现原文】

有子曰："其为人也孝弟，而好犯上者，鲜矣；不好犯上，而好作乱者，未之有也。君子务本，本立而道生。孝弟也者，其为仁之本与！"

【正解文】

又，子曰：

其为人也，孝悌；而好犯上者，鲜矣；不好犯上，而好作乱者，未之有也。

君子务本，本立而道生；孝悌也者，其为仁之本欤！

【注释】

又，子曰：夫子又言。

鲜：少，近无也。

【正解】

夫子又言：

其为人也，孝悌；而好犯上者，鲜矣；不好犯上，而好作乱者，未有之也。

君子务求根本，本立而道生；孝悌也者，其乃仁之本也！

【引解】

夫子言之以理：在家无怨者，在邦亦无怨也；在家孝悌者，在邦亦忠信也。

【现原文】

子曰："巧言令色，鲜矣仁！"

【正解文】

子曰：巧言伶色，鲜矣仁！

【注释】

巧言：文过饰非，掩己之私之言；哗众取宠，投人所好之言。

伶色：伶俐善变之色，心有私而徒取悦于人之色；色者，容色也，形于表也。

巧言伶色：伪而掩其实，文其过饰其非也。

【正解】

夫子言：巧言伶色者，很少有仁者也！

【引解】

巧言伶色，多虚伪者也，多阴而有险也！

【现原文】

曾子曰："吾日三省吾身：为人谋而不忠乎？与朋友交而不信乎？传不习乎？"

【正解文】

曾，子曰：

吾日三省吾身：为人谋而不忠乎？与朋友交而不信乎？传不习乎？

【注释】

曾：曾经也。

三：多也，常也。

习：实践，身教。

【正解】

曾经，夫子言：

我每日常反省我自身：为人谋而不以忠乎？与朋友交往而不以信乎？言传而不以身教乎？

【引解】

夫子教化于人：反躬自省，责己恕人也；与人以忠，交友以信也；言传且身教，实践，发用于世也。

传不习乎，言传而身教也，学而时习之也；

学者，学而知也，学知利行也；习者，行也，行而知深也；知深而行远也；若知行，亦一也；

故而：习坎☵，则坎已非坎也；习险，则险已非险也；习天下，则天下平也！

【现原文】

子曰："道千乘之国，敬事而信，节用而爱人，使民以时。"

【正解文】

子曰：

道：纵，千乘之国；敬，事，而信；节，用，而爱人；使民以时。

【注释】

敬：敬天爱人之敬，敬畏也；心中常怀戒惧，慎独也。

事：事君事父之事也；为也，处也，事而俸也；事天事地事人也。

信：取信于民也。

节：节制也，克己也。

用：发用也。

爱人：仁人也；亲亲仁民也；亲其亲，仁其民也。

使：率也，领也；使之为也。

以：与也，止行与时之与也。

【正解】

夫子言：

道也者：纵然，千乘之国；亦然敬天爱人以事，而取信于民；克己节制，发用于世，而亲其亲仁其民，使民作息与时相宜。

此者，则道也！

【引解】

此，夫子言道也；道者，人之行也，发用于世也；

昔日，老子言：人法地，地法天，天法道，道法自然；

今而，时习之；

法者，则也，理也，天纹地理也，礼也，道也，知也，良知也；以理而生发也，以知而发用也；

故而，致良知，而至知；则：

人之发用可若地之厚德而载物也（坤☷☷）；地之发用若天之溥博而造化万物也；

天地之道，溥博渊泉，博也，厚也，高也，明也，悠也，久也；

天之发用即道也；道之发用自然而然也；

故而，《道德经》亦天地人之伦理也！

【现原文】

子曰："弟子入则孝，出则弟，谨而信，泛爱众而亲仁。行有余力，则以学文。"

【正解文】

子曰：

弟，子：入则孝，出则悌；谨而信，泛爱众，而亲仁；行有余力，则以学；文。

【注释】

弟：兄弟姊妹也。

子：子女也。

入：入宗堂，入堂屋，入宗室也；事父母、长辈、宗亲及先祖也。父母居于堂屋，先祖列位宗室。

出：出宗堂，出堂屋，出宗室也；事兄弟、姊妹也。

孝：孝敬也；事父母以孝，事长辈、宗亲及先祖以敬。

悌：悌怀也；事弟与妹以悌，事兄与姊以怀。

谨：谨言慎行也，慎独也。

信：听其言而可信其行，取信于人也。

泛：以己及人也；及家及国及天下之众也，及万物也。

—— 4 ——

爱：仁也；爱众者，仁及众人也。

亲仁：亲亲仁民，亲其亲仁其民也。

行：发用施行也。

以：君子以自强不息之以，应也。（乾☰）

学：不知而欲知，不懂而欲懂，不会而欲会，不能而欲能者，之谓学也。

文：文其理而化其心也，其心文也，文而化之也。

【正解】

夫子言：

且凡，兄弟姊妹与子女者：

事父母、长辈、宗亲及先祖则以孝、敬，事兄弟、姊妹则以悌怀；

谨言慎行而取信于人，以己及人及家及国及天下，泛而仁及众人也，而亲其亲仁其民也；

发用施行于世，行有余力，则应学也；学而知深也，知深而行远也；

此，则方可谓之文也；文而教化众人，济世安民也。

【引解】

夫子教化于人：孝敬父母宗亲，悌怀兄弟姊妹，慎独而取信于人；明其明德，致良知，由内而及之而仁爱万物，施之以万物一体之仁；亲民也，仁人也；及而止于至善也；

行而知，知而行；行有余力而学，学亦知也；知以行也，学知利行也；行而文其理而化其心，济世安民也；

慎独者，戒慎乎其所不睹，恐惧乎其所不闻，莫显乎隐，莫现乎微，君子慎其独也；

诚信者，人成其言之谓诚，行其言之谓信，诚信也；

诚信者，知也，良知也，知行一也；

知之真切笃实处即是行，行之明觉精察处即为知，知行一也；

知行合一，行也；知行本一，知也，良知也；以"知行合一"之行致"知行本一"之知，致知也，致良知也；

致知者，必诚信也；诚信者，必信于人也；故而，听其言而可信其行也；不然，听其言仍需观其行，已非诚信也！

▨▨▨▨【现原文】

子夏曰："贤贤易色；事父母，能竭其力；事君，能致其身；与朋友交，言而有信。虽曰未学，吾必谓之学矣。"

— 5 —

【现原文】

子曰："君子不重则不威，学则不固。主忠信。无友不如己者。过，则勿惮改。"

【正解文】 此两节宜合并，如下：

子夏曰：

事妻，能贤贤易色；事父母，能竭其力；事君，能致其身；与朋友交，言而有信。虽曰未学，吾必谓之学矣。

遂，子曰：

君子：不重则不威，其学则不固；主忠信，无有不如己者；过，则勿惮改！

【注释】

贤贤易色：贤其贤，易其色也；此，事妻之道也；贤乃本也，色乃末也；贤贤易色者，重其本而轻其末也；易色者，不将色置于本位也。

言而有信：听其言而可信其行也，可取信于人也。

虽曰未学：自谦也；吾必谓之学矣：实已行也；故而，学应习也；习者，实践也，践行也，行也；学而弗行，非学也；行而不彰，已学也。

重：自重也，诚也，廉也；公生明，廉生威也。

威：威严，庄重；自重，则有威也。

固：本也，固其本也。

主：身之主宰也，心也；心专主也，专一也。

忠信：与人以忠，言而有信也。

过：过犹不及之过也，过错也。

惮：忌惮也。

改：改过也。

【正解】

子夏问学于夫子，曰：

事妻，能贤其贤而易其色；事父母，能竭尽其力；事君，能致行其身；与朋友交往，能言而有信。其，虽自谦曰未学；而吾，必谓之学矣。

于是，夫子曰：

君子者：不自重，则无威，其学则不能固其本；专主忠信，则无有不如己者；有过，则勿忌惮，改之，即可也！

【引解】

夫子教化于人以理：

人不自重则无威也；重者，自重也，诚也，廉也；公生明，廉生威也。不自重，则其学不着根本也；其学不本，则末也，舍本逐末也。

主者，身之主宰也，心也；心专主也，专一也；

事妻，事父母，事君，皆需忠也；与朋友交，需信也；

主忠信，忠信亦理也，理一也，主一也；心主一，则无私欲也，则纯乎天理也；

金无杂色则谓精，人无私欲即为圣；心主一，则圣也；

己圣，则视人亦圣也；己圣，则人人皆圣也；

故而，主忠信，则无有不如己者也。有过，勿忌惮，改之，即可也。

夫子教化于人：去私欲而存天理也；学而时习之，学应习也；习者，实践也，践行也，行也；学而弗行，非学也；行而不彰，已学也；学亦行也，知行一也，致知也，致良知也。

【现原文】

曾子曰："慎终追远，民德归厚矣。"

【正解文】

曾，子曰：慎终追远；民德，归厚矣。

【注释】

曾：曾经。

慎：慎独也，思无邪也。

终：与始相应也；亦最终也，终究也。

慎终：慎其终也，终始可一也，一以贯之也，则可不忘初心，牢记使命，持之以恒也；慎其终者，慎独也；亦"慎独，终可"也。

追：致也，致远之致也。

民：己亦民也，以己及人而泛及至众人也。

德：心得理而发用施行于世，谓之德；去私欲而存天理，去一分私欲则存一分天理也；发用施行于世，明明德，亲民，及而止于至善；则，德可渐䷖厚也，载物可渐䷗丰也。

【正解】

曾经，夫子言：

慎独，终可致远也；慎其终，一以贯之，持之以恒，则可致远也；以德化民，德终归厚也。

【引解】

此，夫子教化于人：慎独也，慎独亦思无邪也；

戒慎乎其所不睹，恐惧乎其所不闻，莫显乎隐，莫现乎微，君子慎其独也；

慎目者，不宜睹也；惧耳者，不宜闻也；心之私欲勿显现于隐微也，心之私欲于隐微时即以去也；故而，慎独亦思无邪也！

夫子以"郑声淫"而"放郑声"，尽删郑声卫音而成《诗》三百，遂成经而传于世；一言以蔽之，夫子之教人思无邪也；

故而，夫子自卫返鲁，然后乐正，《风》而化民，《雅》《颂》而各得其所。

犹若，睽☲☱之"小事吉"也；

睽者，看也，众目睽睽之睽也；泽上有火，清楚明朗也；日照河泽，光天化日之下也；

睽者，纵使无人睹，亦有天在看也；

故而，人之需慎其独也；心之私欲莫显现于隐微也；心之私欲于隐微时即以去也。

此若，睽之辞"小事吉"；

小者，小心也；小心与共也，乃恭也；恭，则多安多吉也；故而，小心者，亦慎独也，慎其独时之心思也；慎其私欲萌发于隐微也；事者，与共也，共事也，行事也；

故而，若睽之辞"小事吉"，小心行事，则吉也；慎思慎行，慎独，思无邪，则吉也，终可致远也！

【现原文】

子禽问于子贡曰："夫子至于是邦也，必闻其政。求之与？抑与之与？"子贡曰："夫子温、良、恭、俭、让以得之。夫子之求之也，其诸异乎人之求之与？"

【正解文】

子禽，问于子贡曰：

夫子至于，是邦也；必闻其政。求之欤？抑予之欤？

子贡曰：

夫子，温、良、恭、俭、让，以得之。夫子之，求之也；其诸异乎，人之求之欤！

【注释】

是：如是，这些。

抑：或，还是。

温：其性温也。

良：其心良也。

恭：其身恭也。

俭：其德尚俭也；俭以养德也。

让：其言谦让也。

【正解】

子禽，问于子贡曰：

夫子每到这些邦国也，必先闻其政。是夫子欲求官欤？还是已予之以官欤？

子贡曰：

夫子，其性温也，其心良也，其身恭也，其德尚俭也，其言谦让也；以此而得之也，得其位也，得其禄也，得其政也。夫子之所求之也，其诸异于人之所求之欤！

【引解】

此言夫子，言传身教，传而习之；

教人：性情应温和，心应存良知，其身应恭敬，其德应尚俭，其言应谦让；

人之所求应为理而非私利，去私欲则天理存，减一分私欲则增一分天理；

到得无私可克，自有端恭时在，自会温良恭俭让，自可厚德载物也，其位、其禄、其利则自然而得也；

正若，《易》之乾☰"干事而贞固足，合礼而嘉会足，合义而利物足"。

【现原文】

子曰："父在，观其志；父没，观其行；三年无改于父之道，可谓孝矣。"

【正解文】

子曰：

父在，观其志；父没，观其行；三年无改于事父之道，可谓孝矣。

【注释】

父：父母也。

在：在世也。

没：去世也。

观：眼观也，亦察也；察者，以心察觉也。

志：心志也，意欲也，及其所显现之行为也。

行：行为也，及其所隐微之意欲也。

三年：持续多年也；持之以恒，一以贯之，终始一也。

事：行事而恭俸也。

【正解】

夫子言：

父母在世时，察其志观其行，持续多年不改于事父母之道；

父母去世后，观其行察其意，持续多年亦不改于事父母之道者；

方可谓之孝也！

【引解】

夫子教化于人：

事父母以孝也！

父母在世时，事父母以孝，且一以贯之，矢志不移，持之以恒☶，不改其道，则孝也；

父母去世后，事父母以敬，且一以贯之，矢志不移，持之以恒☶，不改其道，则敬也；敬亦孝也；

　　孝者，孝其人也；敬者，敬其灵也；

　　此之谓孝敬也！

【现原文】

　　有子曰："礼之用，和为贵。先王之道，斯为美，小大由之。有所不行，知和而和，不以礼节之，亦不可行也。"

【正解文】

又，子曰：

礼之用，和为贵；先王之道，斯为美；

小大由之，有所不行，知和而矣；不以礼，节之，亦不可行也。

【注释】

先王：尧、舜也。

和：亦合也。

斯：此也。

小大：小大诸事也。

节：节制。

【正解】

夫子又言：

礼之所用，以和为贵；尧、舜先王之道，因此而美；

小大诸事皆由此，有所不行者，知和而矣，知礼而已；

凡事，不以礼而节之，亦不可行也。

【引解】

夫子教化于人：

礼之所用，以和为贵，有所不行者，知礼而已；

和者，体也，本也，其隐也；礼者，用也，行也，其显也；和亦合也，合者，一人一口，和谐共生共处也；

礼之用，和为贵，乃体用一源也，合为本也。

【现原文】

　　有子曰："信近于义，言可复也。恭近于礼，远耻辱也。因不失其亲，亦可宗也。"

【正解文】

又，子曰：

信近于义，言可复也；恭近于礼，远耻辱也；因，不失其亲；亦可宗也。

【注释】

信：言而有信也，听其言而可信其行也。

义：宜也，宜于天纹地理人心也，仁义礼信皆义也；道也；理也。

复：《易》之复☷也；言可复者，其信复也，人复信之也，恒信之也。

恭：其身恭也，躬其身而示人以礼也；小心与天地人共也；恭，则多安多吉也；小心行事而吉也，可远耻辱也。

因：因之也，因信与恭也，因义与礼也。

亲：亲近也；心之亲近也。

宗：宗旨也，本也；以之为宗也。

【正解】

夫子又言：

言而有信则近于义，其言可复也，人亦复信之也；其身恭则近于礼，可远耻辱也；

因信与恭，义与礼，则不失人之亲近也；

亦可，以之为宗也。

【引解】

夫子教化于人：

行其义者，需信也；施其礼者，需恭也；信，则其言可复也，人恒信之也；其身恭，小心与天地人共，则礼也，则多安多吉也；小心与共则吉，可远耻辱也。

言而有信，恭而有礼，则不失人之亲近也，则不失人心也。

人亦可，以信与恭、义与礼为宗也。

【现原文】

子曰："君子食无求饱，居无求安，敏于事而慎于言，就有道而正焉，可谓好学也已。"

【正解文】

子曰：

君子：食，无非求饱；居，无非求安；敏于事而慎于言；就有道，而正焉；可谓好学也，已。

【注释】

食：饮食。

无：无非。

居：居住。

事：亦行也。

慎：亦讷也，慎独也。

就：遵也，循也，行也。

正：正心也，修身也，齐家也。

学：学而习也，学知利行也。

已：止也，至也；止于至善也。

【正解】

夫子言：

君子者：饮食，无非求饱腹，不贪多，不奢靡也；居住，无非求安身，不贪多，不奢华也；

其敏于事而慎于言；遵循有道，而正心、修身、齐家焉；

此，可谓好学也；此，止于至善也。

【引解】

夫子教化于人：

勿贪也；食不贪多而奢靡，居不贪多而奢华；食者，饱其腹；居者，安其身；求之心安则可也；

敏于事而慎于言者，亦敏于行而讷于言也，遵循正道，而正心、修身、齐家也，慎其独也；

学而不行非学也；学者，学而时习之也，学知利行也，知行一也；

此者，乃好学也，学之至也，止于至善也。

【现原文】

子贡曰："贫而无谄，富而无骄，何如？"子曰："可也，未若贫而乐，富而好礼者也。"

子贡曰："《诗》云：'如切如磋，如琢如磨。'其斯之谓与？"子曰："赐也，始可与言《诗》已矣，告诸往而知来者。"

【正解文】

子贡曰：贫而无谄，富而无骄，何如？

子曰：可也，未若贫而乐，富而好礼者也。

子贡曰：若《诗》云"如切如磋，如琢如磨"，其斯之谓欤？

子曰：赐也，始可与汝言《诗》矣，告诸往而知来者矣。

【注释】

贫：穷也，困也。

谄：谄媚，不自重也。

富：富贵。

骄：骄横，骄奢淫逸也。

何如：如何。

乐：乐其道，乐有道，乐正道也。

好：喜好，好好色之好也。

礼：亦理也，恭而示之于人谓之礼也。

如切如磋，如琢如磨：切磋琢磨而成器也，正心修身而进于道也。

欤：呢、吧之语气词。

赐：子贡也。

言：讨论也，讲习也，切磋琢磨而可共进也。

告：诉也。

知：预也。

往：过往也。

来：未来也。

【正解】

子贡曰：贫困而不谄媚，富贵而不骄横，如何？

夫子曰：可也，却不如，清贫而乐道，富贵而好礼者也。

子贡曰：若《诗》云"如切如磋，如琢如磨"，其斯之谓欤？

夫子曰：赐也，始可与汝言《诗》矣；汝，告诸往而知来者矣。

【引解】

夫子教化于人：

勿忘本，勿忘初心也；人，贫不能失其本心，富亦不能失其本心也。

贫应乐有道，富亦应乐有道也；此之谓，贫而乐，富而好礼者也。

人，贫，非旦不能谄媚，且应乐有道也；人，富，非旦不能骄横，且应好礼也！

贫，应修道也；富，亦应修道也。

故而，切磋琢磨，正其心也，修其身也，方可成器也；方能循有道而正焉，方能告诸往而知来也。

【现原文】

子曰："不患人之不己知，患不知人也。"

【正解文】

子曰：不患，人之，不知己；患，人，不己知也。

【注释】

患：担忧。

人之：别人，他人。

知：了解，认识。

人：自己。

已知：自知也。

【正解】

夫子言：不患别人不知己；而患人之不自知也。

【引解】

此，夫子教化于人以理：

不患人之不知己，而患人之不己知也；不患别人不知己，而患人之不自知也；

不自知者，多不肯知，或装不知；故而，不患人不知，唯患不肯知，更患装不知！

已知者，自知也；自知者明也，明则诚也，诚则明也，诚明相生而至知也；至知，则无知而无不知也。

题 结

学而，学而时习之；学而为用，知行合一致其良知也！

致良知，致知也；学习，格物也；格物，格心也，格其不正以归于正也；

此者，大学也，大道之学也，君子之学也，"明明德，亲民，止于至善"之学也；

昔日，阳明先生曾言"大学只是一个诚意"；

欲诚其意者，随意之所在之物而格之，格其心之不正以归于正，去其私欲而归于天理，则良知之在此事者无蔽而得致矣；

故而，学而时习之，格物·致知·诚意·正心也；

心正则安也！

习者，行也，行而知深也；知深而行远也；习坎，则坎已非坎也；习险，则险已非险也；习天下，则天下平也！

为政·第二·孝也

昔日，夫子曾言：

其为人也，孝悌；而好犯上者，鲜矣；不好犯上，而好作乱者，未之有也。君子务本，本立而道生。孝悌也者，其为仁之本欤！

仁者，仁德也；孝者，仁德之本也！

孝子之有深爱者，必有和气；有和气者，必有悦色；有悦色者，必有婉容！

于家孝者，于国必忠也；为政者，孝也；孝者，善之源也；为政以德，孝为本也！

● ○ ●

【现原文】

子曰："为政以德，譬如北辰居其所而众星共之。"

【正解文】

子曰：为政以德；譬如北辰，居其所，而众星共之。

【注释】

为政以德：德亦得也，得民心也。

北：北斗。

辰：星辰。

北辰：北斗之星辰。

居其所：复☰☷自道也；素其位也，君子素其位而行焉。

共之：与之共也，共于事也，休戚与共也。

【正解】

夫子言：为政以德；譬如北辰，居其所，而众星与之共也。

【引解】

为政以德，得民心也；譬若北辰，居其所，而众星共之也；

君子素其位而行也，复自道而得也；天君泰然，而百体从令；各司其职也；

— 15 —

故而，人贵复自道也，素其位也。

【现原文】

子曰："《诗》三百，一言以蔽之，曰：'思无邪'。"

【正解文】

子曰：《诗》三百，一言以蔽之，曰"思无邪"。

【注释】

《诗》：鲁国之《风》《雅》《颂》之民歌也，经夫子删述所剩三百，传于世而成《经》，此之谓《诗经》也。

蔽：概括；亦譬也，言之精辟也，以精辟之言概括也。

思无邪：君子素其位而行，思不出其位也；心正也，身修也，无私欲也，无邪思妄欲也。

【正解】

夫子言：《诗经》三百，一言以譬之，曰"思无邪"。

【引解】

此，夫子亦教人：慎独也，慎独亦思无邪也；

戒慎乎其所不睹，恐惧乎其所不闻，莫显乎隐，莫现乎微，君子慎其独也；

慎目者，不宜睹也；惧耳者，不宜闻也；心之私欲勿显现于隐微也，心之私欲于隐微时即以去也；故而，慎独亦思无邪也！

夫子以"郑声淫"而"放郑声"，"卫音靡"而"去卫音"，尽删郑卫之音而成《诗》三百，遂成《经》而传于世；一言以譬之，夫子之教人思无邪也；

故而，夫子自卫返鲁，然后乐正，《风》而化民，《雅》《颂》而各得其所。

【现原文】

子曰："道之以政，齐之以刑，民免而无耻。道之以德，齐之以礼，有耻且格。"

【正解文】

子曰：

道之以政，齐之以刑，民免而无耻；

道之以德，齐之以礼，民有耻且格。

【注释】

道：治理也，为政也。

政：令也。

齐：使之齐也，规范也，约束也。

刑：开刀也，刑罚也。

民：民众也，众人也。

耻：以之为耻也，羞耻也。

德：仁德也。

礼：礼节也，亦理也；恭而示之于人之谓礼也；以礼而节其思行也。

格：改也，改而为正也；格其不正以归于正也。

【正解】

夫子言：

为政以令，约之以刑，民虽能免于犯过错，然无以之为耻之心；

为政以德，约之以礼，民有以之为耻之心，且能改过。

【引解】

此，夫子言之以理：

仁德先行；不行者，则以令也。礼节先行，不行者，则以刑也。

为政以德，约之以礼，民有以之为耻之心，且格；格者，格心也，格其不正以归于正，心正则身正也。

━━━━【现原文】━━━━

子曰："吾十有五而志于学，三十而立，四十而不惑，五十而知天命，六十而耳顺，七十而从心所欲，不逾矩。"

【正解文】

子曰：

吾十有五而志于学，三十而立，四十而不惑，五十而知天命，六十而耳顺，七十而从心所欲不逾矩。

【注释】

志：立志也。

学：学知利行也，学而用也，发用施行于世也。

十有五：十且有五，十五也。

立：立于世也。

不惑：无惑也；于天地人而无惑也。

天命：去私欲而存天理，合乎天理之使命也。

顺：内文明而外柔顺也。

从心所欲不逾矩：明明德，亲民，止于至善而不器也；随心所欲亦不逾矩也。

【正解】

夫子言：

我十五，而立志于，学而发用施行于世；三十，而立身于世；四十，而于世无惑；五十，而知合乎天理之使命；六十，而内文明而外柔顺；七十，而从心所欲亦不逾矩。

【引解】

此，夫子言之以理：

志不立，天下无可成之事；

立志者，立去私欲而存天理之志也；立志于学也，学知利行也，学而用也，发用施行于世也；

凡事，成乃既济☲☵也；未成之时，未济☵☲也；未济☵☲，志行，终既济☲☵；既济☲☵，思患，恒既济☲☵；

昔日，阳明先生言"有心俱是实，无心俱是幻；无心俱是实，有心俱是幻"；

今而时习之，乃"有心为公俱是实，无心为公俱是幻；无心为私俱是实，有心为私俱是幻"；是也！

故而，立志于学而发用于世，则可立身，则可无惑；方可合乎天理而守初心担使命，方可顺乎天而应乎人，方可从心所欲亦不逾矩。

【现原文】

孟懿子问孝。子曰："无违。"

樊迟御，子告之曰："孟孙问孝于我，我对曰'无违'。"樊迟曰："何谓也？"子曰："生，事之以礼；死，葬之以礼，祭之以礼。"

【正解文】

孟懿子，问孝；

子曰：无违。

樊迟，御；

子告之曰：孟孙问孝于我，我对曰"无违"。

樊迟曰：何谓也？

子曰：生，事之以礼；死，葬之以礼，祭之以礼。

【注释】

孟懿子：孟氏何忌也；谥号懿也；懿者，一心一次也，与道也，合乎理也，一也。

无违：无违于心也；道也，理也，一也。

御：驾也，御马驾车也。

孟孙：孟氏何忌也。

【正解】

孟懿子，问孝于夫子；

夫子曰：无违于心。

樊迟，御马驾车；

夫子告之曰：孟孙问孝于我，我对曰"无违于心"。

樊迟问：何谓也？

夫子曰：无违于心！父母宗亲在世时，必然事之以礼；死后，必然葬之以礼，祭之以礼。此，则孝也！

【引解】

夫子，师者也，行大道也；虽车夫，亦教化也；凡愿师从者，夫子皆施行而教化之；夫子，行大道而可为师者也，大师者也。

夫子教化于人，孝者，无违于心也；心者，去私欲之心也，存乎天理之心也，真心也；

无违于心，必然生而事之以礼也，死而葬之以礼也，祭之以礼也！

【现原文】

孟武伯问孝。子曰："父母唯其疾之忧。"

【正解文】

孟武伯，问孝；

子曰：父母唯其疾之忧。

【注释】

唯：唯有也，唯一也。

其：其儿女也。

疾：疾病也；疾速也，欲速也；疾病者，欲疾速而不达以至病生也。

忧：心中担忧。

【正解】

孟武伯，问孝于夫子；

夫子曰：父母唯"其儿女疾"之忧；勿使父母忧，则孝也！

【引解】

儿行千里母担忧，何忧也？忧"其儿女疾"也；

疾者，疾病也，疾速而致病也；且凡病者，皆因欲疾速而不达以至病生也；

儿女纵然能力已强，虽已能远行千里，父母亦为之担忧也！忧其疾也，忧其疾速也，忧其欲疾速而不达也；欲疾速而不达，则病生也，此谓之疾病；父母之所忧者也！

凡事勿欲速，欲速则不达；且疾而病生也，父母亦为其忧也！

故而，父母者，忧其儿女疾也，唯其儿女疾之忧也！勿使父母忧，则孝也！

【现原文】

子游问孝。子曰："今之孝者，是谓能养。至于犬马，皆能有养。不敬，何以别乎？"

【正解文】

子游，问孝；

子曰：今之孝者，是谓能养；至于犬马，皆能有养；不敬，何以别乎？

【注释】

敬：苟有文谓之敬；心中如有文，方可谓之敬也；文者，纹也，纹理也，天有纹地有理之纹也；心中有纹理，心存天理也，方可谓之敬也。

【正解】

子游，问孝于夫子；

夫子曰：今之所谓孝者，是谓能养其父母宗亲；然而，即使至于犬马，也皆能有人养之；若，心中不敬，何以别乎？

【引解】

夫子教化于人：

孝者，必敬之也，必心中敬之也；

于父母宗亲，心中敬之，必能养之；仅能养之，未必孝也；

若心中不敬，其何异于养犬马乎？此，非孝也！

故而，孝者，心中敬也！

【现原文】

子夏问孝。子曰："色难。有事，弟子服其劳；有酒食，先生馔，曾是以为孝乎？"

【正解文】

子夏，问孝；

子曰：色无难。有事，弟子服其劳；有酒食，先生馔；曾，是以为孝乎？

【注释】

色：喜怒形于色之色也，脸色也。

色无难：脸色无难，脸无难色也；和颜悦色也。

有事：有可劳之事。

弟子：弟或子也；作为弟或子女也。

先生：先生者也，先生于世者也，父母宗亲和兄长也。

馔：享用美酒美食。

曾：曾经。

是：如是者也。

是以为：以是为也。

【正解】

子夏，问孝于夫子；

夫子曰：脸无难色，即孝也。有可劳之事，作为弟或子女为之劳；有美酒美食，父母宗亲和兄长享用；曾经，以如是为孝乎？

【引解】

此，夫子教化于人以理：

孝子之有深爱者，必有和气；有和气者，必有悦色；有悦色者，必有婉容。

孝者，色无难也，其脸色无难也。

有可劳之事，作为弟或子女为之劳；有美酒美食，父母宗亲和兄长享用；曾经，以此为孝；实则未必也！

孝者，色无难也；有事，必服其劳也；有酒食，必请父母馔也。

故而，于父母宗亲，色无难，和颜悦色，即孝也；孝者，无违于心也，使父母无忧也，敬而养也，色无难也；其一于理也，一其心也，一也。

【现原文】

子曰："吾与回言终日，不违，如愚。退而省其私，亦足以发，回也不愚。"

【正解文】

子曰：

吾与回言，其终日不违，如愚；然，其能退而省其私，亦足以发；回也，不愚。

【注释】

违：违于人，疑于人，驳于人，与人辩也。

不违：不违于我，不疑于我，不驳于我，不与我辩也。

省：反省，反躬自省也。

其私：其私欲也，私心杂念也，邪思妄虑也，闲思杂虑也。

退而省其私：进以违于人，不如退而省其私也。

亦：且。

发：发用也，施行也。

【正解】

夫子曰：

吾与回言，其终日不辩不驳，如愚；然，其能退而自省其私，且能足以发用其所学；回也，不愚。

【引解】

进以违于人，不如退而省其私；夫子教化于人，省察克己，反躬自省，责己恕人也。

凡违于人而疑而辩而驳者，并非疑也，实装疑也；究其根，实有私也！

夫子曾言"不患人之不知己，而患不己知"，不己知，乃不自知也；不自知则不明也，其心不明者，必有私也；不患人不知，唯患不肯知，更患装不知，是也!

故而,进以违于人而疑而辩而驳,不如退而省其私;发用施行之所学,知行合一致其知,则善哉!

【现原文】

子曰:"视其所以,观其所由,察其所安。人焉廋哉?人焉廋哉?"

【正解文】

子曰:

视其所以,观其所由,察其所安;人焉疏哉?人焉倏哉?

【注释】

所以:所以然,所以这样;其果也。

所由:所由来,所因为也;其因也。

所安:所能安也。

疏:疏忽,疏漏,疏而忽略也。

倏:倏忽,消失,倏而无也。

【正解】

夫子言:

视其所以然,观其所由来,察其所能安;人焉能疏忽哉?人之所察亦焉能倏忽哉?

【引解】

尊德性而道问学,致广大而尽精微,极高明而道中庸;

仰观天纹,俯察地理,于心通也,则万物明也;

视其所以然,观其所由来,察其所能安;人岂能疏忽哉?人之所察亦岂能倏忽哉?

一叶而可知秋也,察微而能知著也;此者,知几也。

【现原文】

子曰:"温故而知新,可以为师矣。"

【正解文】

子曰:蕴故而知,新;可以此为师矣!

【注释】

蕴:蕴而育也。

故:往也。

知:至知也,至良知也。

新:可新也,可日新也,可日日新也,可又日新也。

可以为：可以之为也。

师：前事者，乃后事之师也。

【正解】

夫子言：蕴故而知，则可新；可以此为师矣！

【引解】

蕴故而知，则可日新也；及而夫子言"苟日新，日日新，又日新"；

苟日新者，如能日新也；

蕴故而知者，则可日新也；

故而，蕴故而知，则可日新，则可日日新，则可又日新也。

是以，蕴故而知新，察往而知来，察显而知隐，察现而知微，则知也；知者，则可新也。

故而，可以此为师也，可以"故"为师也！师者，前事者，乃后事之师也。

【现原文】

子曰："君子不器。"

【正解文】

子曰：君子，不器！

【注释】

君子：去尽私欲而纯乎天理者也，至良知者也，天下为公行大道者也，圣者也。

器：容物之器也；有所限也。

【正解】

夫子言：君子，无需有所器！

【引解】

金无杂色即为精，人无私欲已为圣；

知行合一致其知，克尽私欲而纯乎天理，则圣者也，君子者也；

君子者，其从心所欲亦不逾矩也，无需有所器也，可由之也！

此若夫子言"民：可使，由之；不可使，知之"；可使之民，则由之；不可使之民，则知之；可也！

君子，亦可使之民也；可使之民，亦君子也。

神无方而易无体，故而，君子无需有所器也。

君子，不器也。

【现原文】

子贡问君子。子曰："先行其言而后从之。"

【正解文】

子贡问君子；

子曰：先行其言，而后从之。

【注释】

行其言：信也。

从之：从"信"也，从信而行也。

【正解】

子贡问"君子"于夫子；

夫子言：先行其言，而信也；而后从"信"而行，则可为君子也！

【引解】

子贡所问，如何可为君子也；

夫子教化于人，先行其言以信，而后从之，而至诚，则可为君子也！

人：行其言之谓信；成其言之谓诚。

先行其言，则信也；而后从之，从"信"而行，则恒信也。

恒信者，必诚也；诚者，诚意也。

而，《大学》，一言以蔽之，只是一个"诚意"；《大学》之道，"明明德，亲民，止于至善"也；行大学之道者，君子者也；

故而，君子，亦诚意者也。

是以，先行其言以信，而后从之，则可为君子也！

【现原文】

子曰："君子周而不比，小人比而不周。"

【正解文】

子曰：君子周而不比，小人比而不周。

【注释】

君子：心宽德厚者也，圣者也，大人也；行大道者也。

小人：心窄德薄者也，势利者也，小人物也。

周：周而全也，周于天地人也；和也，合也，合于心也，合于道也。

比：比于利而疏于义也；亦同也，同于利也，勾而结也。

【正解】

夫子言：君子周于义，而不比于利；小人比于利，而不周于义。

【引解】

义者，宜也，宜于天之纹地之理也，宜于天理也；利者，功名利禄也，声色财货也。

君子周而不比，小人比而不周；此若"君子合而不同，小人同而不合"也；

君子合于道，而不同于利；小人同于利，而不合于道。

【现原文】

子曰："学而不思则罔，思而不学则殆。"

【正解文】

子曰：学而不施则惘，施而不学则殆。

【注释】

学：不知而欲知，不懂而欲懂，不会而欲会，不能而欲能者，之谓学也；学知也，学而致知也，致良知也，去私欲而存天理也。

施：行也，知行也，发用也。

惘：其心罔也，妄思也，迷也。

殆：台歹，有危也，凶也，险也。

【正解】

夫子言：学而不行则心迷惘，行而不学则身有危。

【引解】

学者，学知也；行者，施行也。

学而不施，犹知而不行也；施而不学，犹行而不知也。

知而不行，非知也；学而不施，非学也。行而不知，妄行也；施而不学，妄施也。

心之一念发动即为行也，学问思辨行皆行也。

学施，若知行；知行一也，学施亦一也。

非学，则惘也；妄施，则殆也。

故而，学而不施则惘，施而不学则殆也。

【现原文】

子曰："攻乎异端，斯害也己！"

【正解文】

子曰：攻乎异端，斯害己也！

【注释】

攻：攻伐也，排斥也；心小而无容也。

异：异于己也。

异端：异于己者也。

斯：这也。

害：有害于也，凶也，险也。

【正解】

夫子言：攻乎异于己者，斯有害于己也。

【引解】

攻乎异于己者，斯有害于己也；柔乎异于己者，方有利于己也。

柔者，柔远人也，柔乎异于己者也，怀柔也；若九经"修身也，尊贤也，亲亲也，敬大臣也，体群臣也，子庶民也，来百工也，怀诸侯也，柔远人也"。

道并行而不相悖，万物并育而不相害；故而，夫子教化于人，兼容并包也。

海纳百川，有容乃大。

【现原文】

子曰："由！诲女知之乎！知之为知之，不知为不知，是知也。"

【正解文】

子曰：

由！诲；汝知之乎？知之，为知之；不知，为不知；是知也。

【注释】

由：仲由也，子路也。

诲：教诲。

汝：你。

知之：懂得。

是：如是，这样。

【正解】

夫子言：

由！吾之所教诲；汝知之乎？知之，即为知之；不知，即为不知；如是，方为知也。

【引解】

夫子教化于人诚意也，勿掩饰也，勿虚伪也；有过，勿惮改也。

君子之过也，若日月之食；过也，人皆见之；其更也，人皆仰之！小人之过也，必文！文者，文其过也，文其过饰其非也。

故而，知之为知之，不知为不知，方知也，方自知也；自知者，诚也，明也。

【现原文】

子张学干禄。子曰："多闻阙疑，慎言其余，则寡尤；多见阙殆，慎行其余，则寡悔。言寡尤，行寡悔，禄在其中矣。"

【正解文】

子张学于禄；子曰：

26

多闻，阙疑；慎言，其余；则寡忧。

多见，阙殆；慎行，其余；则寡悔。

言寡忧，行寡悔；禄在其中矣。

【注释】

禄：功名利禄也，俸禄也。

闻：听也。

阙：少也，少有也。

余：余庆。

其余：其庆有余也，有余庆也。

寡：亦少也。

见：行而见也。

忧：担忧之事，忧愁之事。

殆：台歹，有危也，凶也，险也。

悔：悔恨之事。

【正解】

子张学禄于夫子；夫子曰：

多听闻，则少疑；慎言，则其庆有余；此则，忧愁之事可少也。

多行见，则少危；慎行，则其庆有余；此则，悔恨之事可少也。

言而寡忧，行而寡悔；则功名利禄已在其中也。

【引解】

慎者，慎独也；

慎独者，戒慎乎其所不睹，恐惧乎其所不闻，莫显乎隐，莫现乎微，君子慎其独也；

慎独，则积善也；积善者，必有余庆也。

故而，慎言慎行，则其庆有余也，学而心无惘也，行而身无危也，则禄已在其中生发也。

【现原文】

哀公问曰："何为则民服？"孔子对曰："举直错诸枉，则民服；举枉错诸直，则民不服。"

【正解文】

哀公问曰：何为，则民服？

孔子对曰：举直，错诸妄，则民服；举妄，错诸直，则民不服。

【注释】

哀公：鲁哀公。

何为：如何为。

服：心服。

举：倡导也；其举也，其行也。

错：反对也，挫伤也；可纠正也；可避开也。

直：公也，正也，善也。

妄：私也，邪也，恶也，不善也；凶也，险也。

【正解】

哀公问于夫子曰：何为，则民心服？

夫子对曰：其举善，而纠正诸恶，则民心服；其举恶，反挫伤诸善，则民心不服。

【引解】

其行举善，则可引导纠正诸恶也，则民心服也；其行举恶，反而挫伤诸善，则民心不服也。

倡导善，而纠正诸恶，则民心服也；妄行恶，反诬伤善，则民心不服也。

夫子教化于人，其行善者，有余庆也，可避诸凶也。

【现原文】

季康子问："使民敬、忠以劝，如之何？"子曰："临之以庄，则敬；孝慈，则忠；举善而教不能，则劝。"

【正解文】

季康子问：使民敬，忠；以劝；如之何？

子曰：临之以庄，则敬；孝慈，则忠；举善，而教；不能，则劝。

【注释】

敬：心中敬也。

忠：其心忠也。

以劝：且引导、劝勉、鼓励也。

如之何：何如之也，何可如之也。

庄：庄重也，自重则庄也。

孝慈：己孝慈也。

则忠：则民忠也。

教：教化也。

举：所为也，其举也，其行也。

举善：其举善也，其行善也。

举善而教：其举善，而可教化于民也。

不能：不能化者，不能从善而化者也。

【正解】

季康子问于夫子：使民敬，使民忠；且能加以引导劝勉；何可如之？

夫子曰：自重，可临之以庄，则民敬；己孝慈，则民忠；其举善，而可教化民；不能化者，则以劝也。

【引解】

夫子教化于人以理：

心诚而事父母乃孝也，心诚而事子女乃慈也。为子，心诚，则孝也；为父，心诚，则慈也。

自重，则庄也，则民敬之也；于家孝慈者，则于国忠也；己孝慈，则民效之也，则民亦忠也。

其举善，则可错诸妄也，则民心服也；心服而可教化也；不能从善而化者，则应加以引导、劝勉、鼓励也。

【现原文】

或谓孔子曰："子奚不为政？"子曰："《书》云：'孝乎惟孝，友于兄弟，施于有政。'是亦为政，奚其为为政？"

【正解文】

或谓夫子曰：子奚不为政？

子曰：《书》云"孝乎惟孝，友于兄弟，施于有政"；是，亦为政；奚其为"为政"？

【注释】

或：有人。

谓：言及。

奚：何，为何。

为政：从政做官。

《书》：《尚书》，六经之一。

孝：孝慈也。

惟：心中唯有也，惟精惟一也。

友：友爱也，友悌也。

施于：施行于世。

有政：政之所存也，政之所行也，政之所显也。

是：如是也，这也。

亦：即也。

【正解】

有人言及夫子曰：夫子何不为政？

夫子闻之，曰：若《书》云"孝乎，惟孝而无私欲，友悌于兄弟姊妹，施行于世，泛而爱众，即已有政而为"；如是，即为政也；何其为"为政"？

【引解】

夫子教化于人：

人者，应仁也，勿狭隘也，应去私欲而存天理也，应天下为公行大道也。

政者，正也，其心正也，发用施行于日用常行，即为政也。

政者，己正而正人也，以使人人皆正也；己帅而正，人人皆正，则政通也，人和也。

此，则为政也。

【现原文】

子曰："人而无信，不知其可也。大车无輗，小车无軏，其何以行之哉？"

【正解文】

子曰：

人而无信，不知其可也。大车无輗，小车无軏，其何以行之哉？

【注释】

信：人行其言之谓信也，听其言而可信其行也。

不知其可：不知其可为也，其所为不可知也。

【正解】

夫子言：

人而无信，则不可知其所为也。犹"大车无輗，小车无軏"，其何以行之哉？

【引解】

人而无信，听其言而不可信其行也，其所为不可知也，不仁也；

若"大车无輗，小车无軏"，则不可行也；

故而，人而无信者，其行不可信也，其何以行之哉？

【现原文】

子张问："十世可知也？"子曰："殷因于夏礼，所损益，可知也；周因于殷礼，所损益，可知也。其或继周者，虽百世，可知也。"

【正解文】

子张问：十世可知也？

子曰：殷因于夏礼，所损益，可知也；周因于殷礼，所损益，可知也。其或继周者，虽百世，亦可知也。

【注释】

十世：未来十世也，言很久以后也。

百世：未来百世也，言更久以后也。

可知：可预先而知也。

殷：殷商也。

因：承也，沿承也。

夏：夏朝也。

礼：亦理也，制也。

所损益：所增减也。

周：周朝也。

继：承继也，继往开来也。

虽：即使也，纵使也。

【正解】

子张问于夫子：未来十世可知也？

夫子曰：殷因于夏礼，所损益，可知也；周因于殷礼，所损益，可知也。未来或有承继周者，纵使百世，亦可知也。

【引解】

损者，《易》之《损》䷨也，山下有泽，山脚有水，损也；损人而利己，终损己也；

益者，《易》之《益》䷩也，雷厉风行，益也；舍己而益人，终益己也；

益者，增也；损者，减也；

损益者：损有余而益不足，其治可平；损不足而益有余，其势可进；

简言之：益不足而可治，益有余而可进。

察往而可知来也，察显而可知隐也，察见而可知微也，此谓"百世以俟，圣人亦无惑也"！

【现原文】

子曰："非其鬼而祭之，谄也。见义不为，无勇也。"

【正解文】

子曰：非其鬼而祭之，谄也；见义不为，无勇也。

【注释】

鬼：英灵也，亡灵也。

祭：祭奠也，悼念也。

谄：谄媚也，献媚也。

义：宜也，宜于天纹地理人心也，仁义礼信皆义也；道也；理也。

为：作为也，行也。

【正解】

夫子言：非其灵而祭之，则谄媚也；见义而不为，乃无勇也。

【引解】

此，夫子教化于人：

当行，则行也；不当行，勿行也！

非其灵而祭之，不当行也；若行，则实为献媚也。

见义而当为，不为，乃无勇也；人，当见义勇为也！

当行则行，当止则止也。

题　结

为政以德，政者，己正而正人也，以使人人皆正也；己帅而正，人人皆正，则政通也，人和也。

其为人也，孝悌；而好犯上者，鲜矣；不好犯上，而好作乱者，未之有也。君子务本，本立而道生。孝悌也者，其为仁之本欤！

仁者，仁德也；孝者，仁德之本也！为政以德，孝为本也！

孝者，善之源也；人生致善，只一诚字：

善能诚好 hào，无念不善也；恶 è 能诚恶 wù，无念及恶 è 也！

德者，亦得也；

天大地大，德以大；德大才大，得亦大；大得得心，小得得利；得利不得心，利终亡；得心虽非利，而无不利！

正心·修身，德可厚也；

修身修得德渐厚，心身不染纤毫尘；自强不息初心守，厚德载物自然中！

八佾·第三·礼也

礼者，亦理也，合乎天之纹地之理也，合乎天理也；恭而示之于天·地·人谓之礼也。

心存天理，恭而示之于天·地·人，则礼也；以音·色悦人之心，则乐也，此之谓礼乐也。

礼者，礼节也，以礼而节其思行也；礼之所用，以和为贵，有所不行者，知礼而已。

• ○ •

【现原文】

孔子谓季氏，"八佾舞于庭，是可忍也，孰不可忍也？"

【正解文】

夫子谓季氏，曰：

八佾，舞于庭。是，可忍也；孰，不可忍也？

【注释】

谓：言及。

八佾：天子所享之舞乐也。

庭：庭堂也，庭院也。

是：如是也，这也，此也。

忍：忍、心也。

孰：什么，何事。

【正解】

夫子言及季氏，曰：

八佾之舞，舞于庭。此，亦可忍心而为；还有何事，不会忍心而为也？

【引解】

当是时，鲁之季氏、孟氏、叔氏三桓擅权也，季氏者，三桓之首也。

八佾之舞，舞于庭；非其享之舞而享之，非礼也，亦害礼也。

— 33 —

不应为，而为者，非礼也；非礼而为者，其行不可知也！

【现原文】

三家者以《雍》彻。子曰："'相维辟公，天子穆穆'，奚取于三家之堂？"

【正解文】

三家者，以《雍》彻；

子曰："相维辟公，天子穆穆"，奚取于三家之堂？

【注释】

三家者：季氏、孟氏、叔氏之三家大夫者也。

《雍》：亦天子所享之舞乐也。

彻：奏彻也，奏乐而响彻也。

辟公：开疆辟土之诸公也，诸侯也。

相：相助也；诸侯同心于天子，而相助于天子也。

维：维护也；诸侯同心于天子，而维护于天子也。

天子：周天子也。

穆穆：庄重肃穆也。

奚：何也，岂可也。

堂：厅堂也，庭院也。

【正解】

三家大夫者，以《雍》奏彻于堂；

夫子曰：若《诗》云"相维辟公，天子穆穆"；相助维护于天子者，诸侯也；天子，雍而穆穆！岂可取《雍》于三家大夫之堂也？

【引解】

鲁之季氏、孟氏、叔氏三家大夫，以《雍》之乐奏于堂，非其享之乐 yuè 而享之，亦非礼也，害礼也，其行亦不可知也！

【现原文】

子曰："人而不仁，如礼何？人而不仁，如乐何？"

【正解文】

子曰：人而不仁，如礼何？人而不仁，如乐何？

【注释】

仁：德也，义也，理也，信也。

如礼何：如何礼也，如何知礼也。

如乐何：如何乐也，如何知乐也。

【正解】

夫子言：人而不仁，岂知礼？人而不仁，岂知乐？

【引解】

人而无德，不信也；人而不信，不仁也；人而不仁，无礼也；

人而不仁，害礼也，礼崩也；人而不仁，损乐也，乐坏也。

无礼，则不足以悦人心也；人心不悦，岂有乐乎？

【现原文】

林放问礼之本。子曰："大哉问！礼，与其奢也，宁俭。丧，与其易也，宁戚。"

【正解文】

林放问礼之本；

子曰：大哉，问！礼，与其奢也，宁俭；丧，与其仪也，宁戚。

【注释】

本：根也，本源也。

大哉：善哉。

奢：奢靡。

俭：人之收敛谓之俭也；俭者，简也，约也，朴也。

丧：丧礼也。

仪：仪式；其表也，其形也。

戚：哀戚也。

【正解】

林放问礼之本；

夫子曰：大哉，尔所问！礼，与其奢也，宁俭；丧，与其仪也，宁心诚而戚。

【引解】

此，夫子教化于人：

礼，尚俭不求奢也；丧，宜心诚而戚不图其仪也；此，礼之本也！

夫子教化于人，大道至简也，易知易从也，易简易能也，其理一也。

夫子亦有言"奢则不孙，俭则固；与其不孙也，宁固"！孙者，忠其宗也；固者，固其本也；

此言"奢则悖其宗，俭则固其本；与其悖宗也，宁固其本"！

【现原文】

子曰："夷狄之有君，不如诸夏之亡也。"

【正解文】

子曰：夷狄之有君，不如诸夏之亡也。

— 35 —

【注释】

夷狄：狄者，有火之犬也；夷狄者，未经教化之民也。

有君：首领。

诸夏：已经教化之地也。

【正解】

夫子言：夷狄之有君而无礼，不如诸夏之无君而有礼也。

【引解】

君者，本乃君子也；君主者，乃君子之共主也。

然，夷狄之君，非君也，实其首领也；其虽有君，亦无礼也。不如诸夏，纵无君，其民亦有礼也。

虽有君，无礼，亦夷狄也；纵无君，有礼，亦诸夏也！

【现原文】

季氏旅于泰山。子谓冉有曰："女弗能救与？"对曰："不能。"子曰："呜呼！曾谓泰山不如林放乎？"

【正解文】

季氏旅于泰山；

子谓冉有曰：汝弗能救欤？

对曰：不能。

子曰：呜呼！曾谓泰山不如林放乎？

【注释】

季氏：鲁国三桓之首也。

旅：旅祭也。

谓：问及。

汝：尔也，你也。

弗：不也。

救：救于礼也，拯救礼也。

【正解】

季氏旅祭于泰山；

夫子问及冉有曰：汝不能救礼于将害乎？

冉有对曰：不能。

夫子曰：呜呼！尔曾言"旅泰山而祭者不如林放"乎？

【引解】

季氏旅祭于泰山，其不当为而为之，非礼也，亦害礼也。

冉有事于季氏，而不能救礼于将害，亦非礼也；

且其曾言"旅泰山而祭者不如林放"也，其知行不一也，学而无用也；此亦害礼也。

故而，夫子教化于人，学而时习也，知行合一致良知也，发用施行于世也。

【现原文】

子曰："君子无所争，必也射乎！揖让而升，下而饮。其争也君子。"

【正解文】

子曰：

君子，无所争；必争也，射乎！揖让，而升；下，而饮。其争也，君子。

【注释】

争：争高下也；切磋琢磨而共进也。

射：骑射之礼也。

揖让：作揖谦让。

升：升于射台也，登于射台也。

下：射礼必而下射台也。

饮：志同道合而共饮酒食也。

【正解】

夫子言：

君子，无所争高下；必切磋琢磨而共进也，骑射者乎！

相互作揖谦让，登台而射；射礼必，下射台而共饮。其切磋琢磨而共进也，君子也。

【引解】

此，夫子教化于人：

君子，不争功名利禄，不争声色财货也；

君子，不掩其实，不伪其虚，不文其过，不饰其非也；

君子者，必学而时习，教学相长也；必砥砺奋进，同舟共济也；必切磋琢磨而共进也。

去私欲而存天理，知行合一致其知，其所争者，亦礼也！

【现原文】

子夏问曰："'巧笑倩兮，美目盼兮，素以为绚兮。'何谓也？"子曰："绘事后素。"曰："礼后乎？"子曰："起予者商也，始可与言《诗》已矣。"

【正解文】

子夏问曰："巧笑，倩兮；美目，盼兮；素，以为绚兮"，何谓也？

子曰：绘事，厚素。

曰：礼，厚仁乎？

子曰：起予者，商也；始可与汝言《诗》矣。

【注释】

巧：其心巧也。

巧笑：其笑由心也。

倩：人之青青之谓倩也。

美：其心美也。

美目：其视由心也。

盼：目之分分晶莹剔透若水润之谓盼也。

素：源也，本也；无修也，无饰也。

素，以为绚兮：万物，以素为绚也，因素而绚也。

绘事：若绘画之事也。

厚素：厚其素也，以素为厚也。

礼：若礼也。

厚仁：厚其仁也，以仁为厚也。

起：发用也，施行也；学而时习也。

起予者：发用施行吾之所教者也。

商也：子夏也。

始可：已可也。

言：言而论也，切磋琢磨也。

《诗》：鲁之《风》《雅》《颂》也，夫子删述存留《诗》三百而成《诗经》也。

【正解】

子夏问夫子曰："巧笑，倩兮；美目，盼兮；素，以为绚兮"，何谓也？

夫子曰：若绘事，厚素。

子夏曰：若礼，厚仁乎？

夫子曰：学而时习吾之所教者，商也；已可与汝言《诗》矣。

【引解】

此，夫子教化于人：

万物，因素而绚也；恰若绘事以素为厚也，礼以仁为厚也！

至绚者，素也；至礼者，仁也；至倩者，心巧也；至美者，心善也；至诚者，知也！

此若，坤☷之厚德载物；载物者，惟德也！

【现原文】

子曰："夏礼，吾能言之，杞不足征也；殷礼，吾能言之，宋不足征也。文献不足故也，足则吾能征之矣。"

【正解文】

子曰：

夏礼，吾能言之；杞，不足以之征也。

殷礼，吾能言之；宋，不足以之征也。

吾文贤不足，故也；足，则吾能征之矣。

【注释】

夏：夏时也，夏代也。

言：说也，论也，讲也。

杞：杞人之地也。

宋：宋人之地也。

不足以：不足以之也。

征：伐也，征服也，征其心而服也。

殷：殷时也，殷代也，亦商也。

文：仁也，可化也。

贤：德也，能治也。

【正解】

夫子言：

夏时之礼，吾能言之；然杞地，吾不足以夏礼征而服之也。

殷时之礼，吾能言之；然宋地，吾不足以殷礼征而服之也。

此，吾文德贤能不足之故也；若足，则吾能征而服之矣。

【引解】

夫子，教而化人也；征者，征其心也；服者，使之心服也。

此，夫子不骄也，不自满也，不以圣人贤者自居也！

夫子，犹以己之文贤不足也，犹以己之仁德不足也；己之应学也，学则足也；足，则能征其心而服之也，可文而化之也，可德而治之也。

明时，阳明先生曾言"人之为学，贵不足也；日不足者，日有余也；日有余者，日不足也"，阳明先生亦阐述夫子之意也！

圣者，生知安行也；贤者，学知利行也；学者，当困知勉行也！

圣人，犹以己之不足，而学也；何况，吾辈乎！

【现原文】

子曰："禘自既灌而往者，吾不欲观之矣。"

【正解文】

子曰：禘，自既灌而往者，吾不欲观之矣！

【注释】

禘：祭礼也，禘之祭礼也，祭天地之礼也。

既灌：满也，尽也。

而往者：满而溢也，尽而终也，滥而漫也。

不欲：不想也，不忍心也。

观之：由心而视也。

【正解】

夫子言：禘之礼，自滥而漫者，吾已不忍心视之矣！

【引解】

此，夫子教化于人：

非礼，勿视听言动也！

既灌而往者，满而溢也，滥而漫也；于禘，已非礼也；吾不忍心观之矣！

观之，亦无礼也！

━━━【现原文】━━━━━━

或问禘之说。子曰："不知也。知其说者之于天下也，其如示诸斯乎！"指其掌。

【正解文】

或问，禘之说；

子，指其掌，曰：不知也！知其说者之于天下也，其如示诸斯乎！

【注释】

或：有人也。

禘之说：禘礼之详也，禘礼之看法也。

【正解】

有人问，夫子之于禘礼之见；

夫子，指其掌，而曰：吾不知也！知其礼者，之于天下也；其若示掌之丝纹乎！

【引解】

廉，生威也；公，生明也。

去私欲而存天理，必公也；公，则明也；明者，自知也，何需问也？

故而，夫子示其掌而教之，而言"吾不知也"！

【现原文】

祭如在，祭神如神在。子曰："吾不与祭，如不祭。"

【正解文】

祭，如在；祭神，如神在；

子曰：吾不与祭，如不祭。

【注释】

祭：祭祀也；祭者，祭奠天地先祖之灵也；祀者，示己之心诚也。

神：其灵其神也。

不与：心不与也，心不诚也。

如不祭：若不祭也，不如不祭也。

【正解】

祭其，如其在；祭神，如神在；

夫子言：吾心不与祭，若不祭也。

【引解】

此，夫子教化于人，心不诚而为，不如不为也！

【现原文】

王孙贾问曰："'与其媚于奥，宁媚于灶'，何谓也？"子曰："不然，获罪于天，无所祷也。"

【正解文】

王孙贾问曰："与其媚于奥，宁媚于灶"，何谓也？

子曰：不然！获罪于天，无所祷也！

【注释】

媚：谄媚也，献媚也。

何谓：何意也。

不然：非如是也，不是这样也。

祷：祈祷也；向天地示己之诚心以斤羊，而求天地示之以寿也。

【正解】

王孙贾问于夫子曰："与其媚于奥，宁媚于灶"，何谓也？

夫子曰：非如是也！若获罪于天地，则无所祈祷也！

【引解】

此，夫子教化于人：

去私欲而存天理也，正心修身齐家也，勿伤天害理也！否则，天地不佑也。

"与其媚于奥，宁媚于灶"者，势利之言也；媚者，谄媚也，献媚也，势利也，非礼也；于奥也，于灶也，应事之以礼也。

礼者，心之诚也，合乎道也，顺乎天而应乎人也；其非媚者也。

违道而非礼者，必将获罪于天地也，将无所祷也；祷者，祈天地相佑也！

【现原文】

子曰："周监于二代，郁郁乎文哉！吾从周。"

【正解文】

子曰：周鉴于二代；郁郁乎，文哉！吾从周。

【注释】

周：周代也，周朝也。

鉴：鉴其戒也，以自明也。

二代：夏殷二代也，夏商二代也。

郁郁乎，文哉：文德仁厚而郁郁葱葱也。

从周：从乎周，从乎周之理也，从乎周礼也。

【正解】

夫子言：

周鉴戒于夏商二代；郁郁葱葱，生发盎然，其文德仁厚哉！吾从乎周之礼也。

【引解】

此，夫子教化于人：

鉴其戒而可自明也；自明者，必郁郁葱葱，生发盎然，生意无穷，生生而不息也！

明时，阳明先生言"其为善者，存其迹而示人；其为恶者，削其事存其戒以杜奸"，亦明夫子之意也！

【现原文】

子入太庙，每事问；或曰："孰谓鄹人之子知礼乎？入太庙，每事问。"子闻之，曰："是礼也。"

【正解文】

子，入太庙，每事，问；

或曰：孰谓，鄹人之子知礼乎？入太庙，每事问。

子闻之，曰：如是，则礼也。

【注释】

太庙：供奉炎黄尧舜太祖之庙堂也。

每事问：每遇不知之事，而问也。

孰谓：谁言，谁说。

鄹人之子：夫子也；鄹者，鲁之鄹邑也，今之山东曲阜也；夫子之父，叔梁纥，鄹人也；鄹人之子者，有人诋毁夫子之言也。

知礼乎：知道礼也，能说会道各"礼"之条目也。

闻：听闻也。

是：如是，这样。

礼也：方为知礼也，方为礼也。

【正解】

夫子，入太庙，每遇不知之事，而问也；

有人诋毁夫子而言：孰谓，此鄹人之子知礼焉？其入太庙，每事而问；其不知礼也。

夫子闻之，曰：不知，勿掩，而问；如是，方为礼也。

【引解】

此，夫子教化于人：

知而不行，非知也，不知而伪以为知，亦非知也；不知不问，非礼也。

知之为知之，不知为不知；如是，则知也。不知而问焉，自知也，心诚也；如是，则礼也。

人生于世，弗能免人之诋毁，圣人犹如此，而况吾辈乎！

知行合一致其良知，可矣！

══════ 【现原文】 ══════════════════

子曰："射不主皮，为力不同科，古之道也。"

【正解文】

子曰：射，不主皮；为力不同科；古之道也。

【注释】

射：射之礼也。

不主：不力主，不主张，不注重也。

皮：透皮也，穿透靶皮也。

为：因也，因为也。

同科：同等也，同量也，同量级也。

古：自古也，自古至今也。

道：理也，道理也。

【正解】

夫子言：射礼，不力主透皮；因力不同量；此，自古之理也。

【引解】

礼者，礼而悦人心也；

射而透皮者，凶杀之气重也；已非礼也！此，夫子教化于人，温·良·

恭·俭·让，尽礼与人也！

【现原文】

子贡欲去告朔之饩羊，子曰："赐也！尔爱其羊，我爱其礼。"

【正解文】

子贡欲去告朔之饩羊；

子曰：赐也！尔爱其羊，吾爱其礼。

【注释】

去：减也，去除也。

告朔：告朔之祭礼也，祭告月之初一也。

饩羊：告朔之祭品。

赐：子贡也，其名赐也。

尔：你也。

吾：我也。

爱其羊：仁爱祭祀之羊也，惜其生也。

爱其礼：仁爱天地万物于一体也，存其理也。

【正解】

子贡欲去减除告朔礼之饩羊；

夫子曰：赐也！尔爱其羊，吾爱其礼。毋减也！

【引解】

祭者，祭奠天地先祖之灵也；祀者，示己之心诚也；

告朔之祭，示之以羊，则祥也。

若，以牛而祭，则不宜也；牛者，用以耕也。

爱其羊者，仁爱祭祀之羊也，惜其生也，小仁也；

爱其礼者，仁爱天地万物于一体也，存其理也，大仁也。

夫子教化于人，大仁也，天地万物一体之仁也！

【现原文】

子曰："事君尽礼，人以为谄也。"

【正解文】

子曰：事君尽礼，人以之为谄也。

【注释】

事：事而俸也，与之处也；事天事地事人也。

尽：尽其心也。

尽礼：尽其心而礼之也。

以之为：以"事君尽礼"为也。

谄：谄媚也，献媚也。

【正解】

夫子言：事君而尽礼，亦有人以之为谄也；毋忧也，致知，则可也。

【引解】

尽礼者，尽其心而礼之也。

夫子教化于人，尽其心而礼天礼地礼人也，学而时习，正心修身齐家，知行合一致其良知，则可也！

人言馋毁，毋忧也！明时，阳明先生《啾啾吟》亦言此意，如是也。

知者不惑仁不忧，君何戚戚眉双愁？

信步行来皆坦道，凭天判下非人谋；

用之则行舍即休，此身浩荡浮虚舟；

丈夫落落掀天地，岂顾束缚若穷囚；

千金之珠弹鸟雀，掘土何烦用镯镂；

东家老翁防虎患，虎夜入室衔其头；

西家儿童不识虎，执杆驱虎如驱牛；

痴人惩噎遂废食，愚者畏溺先自投；

人生达命自洒落，忧馋避毁徒啾啾！

【现原文】

定公问："君使臣，臣事君，如之何？"孔子对曰："君使臣以礼，臣事君以忠。"

【正解文】

定公问：君使臣，臣事君，如之何？

夫子对曰：君使臣以礼；则臣事君以忠。

【注释】

定公：鲁之国君，定公也。

使：使唤也。

事：事俸也。

如之何：于之，如何也；如何而为也。

【正解】

定公问于夫子：君如何使臣，臣如何事君？

夫子对曰：君使臣以礼；则臣必事君以忠也。

【引解】

君者，上也，其使众臣而治国平天下也；臣者，下也，其事君而发用施为于世以尽其忠也。

君使臣以礼，则臣必事君以忠也！

臣事君以忠，忠亦礼也，臣事君之礼也；则，君亦使臣以礼也！

此，责己恕人，可也。

君使臣以礼，为上，不骄也；臣事君以忠，为下，不卑也；正值有道之大世，其言必足以兴也；兴而来誉者，实至名归也，名副其实也！

此若，《易》之《蹇》☵☶，山上有水，绿水青山也；不忘初心，牢记使命，跋山涉水而奋斗，蹇而来誉·来涟·来硕也，终必幸福也！

【现原文】

子曰："《关雎》，乐而不淫，哀而不伤。"

【正解文】

子曰：《关雎》，乐而不淫，哀而不伤。

【注释】

《关雎》：《诗经》之首篇也。

乐：心中悦也。

淫：心不正也，意不纯也，思有邪也。

哀：心有悲也，心有惆怅也，心有忧愁也。

伤：伤其体也，伤其身也；伤其身者，于上不孝不忠也，于下不慈不爱也，于人不仁不敬也。

【正解】

夫子言：《关雎》，乐而不淫，哀而不伤；悦人心而思无邪，心有忧愁而不伤其身！

【引解】

《关雎》者，《诗》《风》之首篇也；

关关雎鸠，在河之洲；窈窕淑女，君子好逑。

参差荇菜，左右流之；窈窕淑女，寤寐求之。

求之不得，寤寐思之；忧哉愁哉，辗转反侧。

参差荇菜，左右采之；窈窕淑女，琴瑟友之。

参差荇菜，左右芼之；窈窕淑女，钟鼓乐之。

"《关雎》乐而不淫，哀而不伤"；乐者，礼也；淫者，非礼也；哀者，礼也；伤者，非礼也。

"关关雎鸠，在河之洲；窈窕淑女，君子好逑"；逑者，心中向往，行而求之也。

"参差荇菜，左右流之；窈窕淑女，寤寐求之"；君子所遇之美，人与景也，天地人之美也，心中悦而思无邪；乐而不淫也。

"求之不得，寤寐思之；忧哉愁哉，辗转反侧"；求者，心有所向然行不足也；君子心中向往，行而求之而不得，心有忧愁而不伤其身；哀而不伤也。

"参差荇菜，左右采之；窈窕淑女，琴瑟友之"；君子心中所向，初心不改，志立而行，逮之以恒也。

"参差荇菜，左右芼之；窈窕淑女，钟鼓乐之"；君子所逮，未济䷿，志行，终既济䷾；逮而得之，钟鼓而乐也，悦于天地人心也。

━━━ 【现原文】 ━━━

哀公问社于宰我。宰我对曰："夏后氏以松，殷人以柏，周人以栗，曰使民战栗。"子闻之，曰："成事不说，遂事不谏，既往不咎。"

【正解文】

哀公问"立社"于宰予；

宰予对曰：

夏后氏以松，殷人以柏，周人以栗，曰使民战栗。

子闻之，曰：

成事不说，遂事不谏，既往不咎。

【注释】

哀公：鲁哀公也。

社：示之以土也。

立社：立社之灵位。

宰予：夫子之弟子；宰氏，名予，字子予。

松：松木。

柏：柏木。

栗：栗木；寓之以礼也。

成事：已成之事也。

遂事：完结之事也。

既往：已过往也。

不说：不必说服也。

不谏：不必谏言也。

不咎：不必追其咎也。

【正解】

哀公问"何以立社"于宰予；

宰予对曰：

夏后氏立社以松，殷人立社以柏，周人立社以栗，曰使民战栗而畏惧。

夫子闻之，曰：

非也！

已成之事不必说也，完结之事不必谏也，已过往不必咎也！

既往，而言；若言之不通，适得其反，误人误国也！

周人以文礼而得人心，周人立社以栗者，寓之立社以礼也，曰使民知礼也。

【引解】

成者，功成也；遂者，完结也；既往，过往也；

成事，不必说；遂事，不必谏；既往，不必咎也；

过往不留也，"应"无所住而可生其心也；

过往不留，则"应"无所住也，喜怒哀乐之弗能发也，发亦中节也；

未发者，中也；发而中节者，和也；中和者，心无怨憾也，可得其正也，而可生其心也；

致中和，天地位焉，万物育焉；此，礼也！

【现原文】

子曰："管仲之器小哉！"或曰："管仲俭乎？"曰："管氏有三归，官事不摄，焉得俭？""然则管仲知礼乎？"曰："邦君树塞门，管氏亦树塞门。邦君为两君之好，有反坫，管氏亦有反坫。管氏而知礼，孰不知礼？"

【正解文】

子曰：管仲之器小哉！

或曰：管仲俭乎？

子曰：管氏有三归，官事不摄，焉得俭？

或曰：然则，管仲知礼乎？

子曰：邦君树塞门，管氏亦树塞门；邦君为两邦之好，有反坫；管氏亦有反坫。管氏而知礼，孰不知礼？

【注释】

器：容物之器也；器量也，格局也，心也。

俭：简也，朴也；无私也，心纯乎天理也，无执于权色财货也。

管氏：夫子对管仲之尊称也。

归：归己也，为己所有也。

官：家官，家臣，食客也。

摄事：辅相国事也。

树：树立也。

塞门：屏风墙，盈门墙，迎门墙。

知：致知也，良知也。

知礼：心中有礼也，心存良知而有礼也。

孰：还有谁也。

【正解】

夫子言：管仲之心器仍小哉，仍有所执哉，执于权色财货也！

有人问：管仲俭乎？

夫子曰：管氏有三归，有租税归之，有奴婢归之，有库银归之；养家臣甚多，众家臣事管氏而不辅相国是；管氏焉得俭？

有人问：然则，管仲知礼乎？

夫子曰：邦君树屏风墙于门内，管氏亦树屏风墙于府门内；邦君为两邦之交好，设反坫于盟地；管氏亦设反坫于封邑。管氏而知礼，谁还不知礼？

【引解】

心器小，则不自知也，不明也；则有所执也，执于权色财货；则非礼也，而况俭乎？

管氏从君树屏墙，设反坫，其已出其位也；非礼也！

君子，素其位而行，思不出其位，而况行乎？

【现原文】

子语鲁大师乐，曰："乐其可知也。始作，翕如也；从之，纯如也，皦如也，绎如也，以成。"

【正解文】

子于鲁；太乐师曰：

乐，其可知也！始作，翕如也；从之，纯如也，皦如也，绎如也，以成。

【注释】

于鲁：在鲁国。

太乐师：太庙之乐师也。

乐：礼乐也。

从之：继而。

以成：以而成也。

【正解】

夫子于鲁；有太庙乐师言：

乐，其亦可知也！始作，翕如也，若合也；继而，渐〓而绽放，纯如也，纯而无私杂也；皦如也，皦洁明澈，海晏河清也；绎如也，络绎不绝，生发无穷，生生不息也；

以而成也；此，礼乐者也！

【引解】

此，夫子师于太庙之乐师也；

圣人无常心，以百姓为心也；圣人无常师，以百姓为师也！

圣人犹不自以为圣，师于百姓之所善，而况吾辈乎？

吾辈自当高举习近平新时代中国特色社会主义思想伟大旗帜，牢固树立四个意识，坚定四个自信，坚决做到两个维护，立"去私欲而存共产主义之天理"之志，不忘初心，牢记使命，志存高远，脚踏实地，为中国人民谋幸福，为中华民族谋复兴！

【现原文】

仪封人请见，曰："君子之至于斯也，吾未尝不得见也。"从者见之。出曰："二三子何患于丧乎？天下之无道也久矣，天将以夫子为木铎。"

【正解文】

仪封人请见，曰：

君子之至于斯也；吾未尝，不得见也。

从而见之；出曰：

二三子何患于丧乎？天下之无道也，久矣；天将以夫子为木铎。

【注释】

仪封人：仪邑之封人也，仪邑之邑首也。

请见：请求拜见。

未尝不得见：未尝尽礼而不得拜见也。

从而见之：随从夫子弟子而得见夫子也。

出曰：其出夫子门，而曰。

二三子：尔等。

何患：何必担忧也。

丧：失也。

木：巽☰也，风也，舟也。

铎：震☵也，警也。

【正解】

仪之邑首请拜见于夫子，语吾等弟子曰：

君子之至于此也，吾未尝尽礼也，而未得拜见夫子也。

遂，邑首随从弟子而得见夫子；其出，而曰：

尔等何忧于失仕途乎？天下之无道也，久矣；天将降大任于夫子及尔等也；

将以夫子尔等为木也，为铎也；风行雷动而教化众人也，教人为善去恶而致知也；辅相君主治国安邦，济世安民也。

【引解】

为木者，为风也，为舟也；风行而教化也，一帆风顺也；教人为善也。

为铎者，为震也，警人也；振聋发聩也，警人心之恶也；警人毋为恶也。

风行雷动者，恒䷟也；风行雷动而教化众人为善去恶以致知，辅相君主治国安邦，济世安民；则，可久也。

【现原文】

子谓《韶》："尽美矣，又尽善也。"谓《武》："尽美矣，未尽善也。"

【正解文】

子谓《韶》"尽美矣，又尽善也"；谓《武》"尽美矣，未尽善也"。

【注释】

谓：谈及，认为，以为。

《韶》：舜时所作，《韶》之舞乐也；《韶》者，德泽而润万物也，服其心也。

尽：至也。

尽美：至美也，止于至美也。

尽善：至善也，止于至善也。

《武》：周武时所作，《武》之舞乐也；武者，征伐也，屈其身也。

【正解】

夫子以为《韶》"尽美矣，又尽善也"；以为《武》"尽美矣，未尽善也"。

【引解】

大学之道，在明明德，在亲民，在止于至善；

《韶》者，尽美又尽善；美者，美其形也；善者，合其心也；

至善至美者，大学之道也。

【现原文】

子曰："居上不宽，为礼不敬，临丧不哀，吾何以观之哉？"

【正解文】

子曰：

居上，不宽；为礼，不敬；临丧，不哀。吾等何以观之哉？

【注释】

居上：居于上也，居上位也。

为礼：施礼也，行礼也。

临丧：面临丧事也。

吾等：我们心存良知之人。

何以观之哉：何以忍心观之哉。

【正解】

夫子言：

居于上，而不宽下；施礼，而心不敬；临丧事，而心不哀。

吾等何以忍心观之哉，而况为之乎？

【引解】

居上而不宽下，为礼而心不敬，临丧而心不哀；不仁不义也，不孝不敬，非礼也！

居上而不宽下，德不厚也，基不实也，不可载物也，危也！

题　结

礼者，理也，合乎天地伦常之理也，亦伦理也。

心存伦理，恭而示之于天·地·人，则礼也；以音、色悦人之心，则乐也，此之谓礼乐也。

仅悦耳而弗悦心之音，非礼也，勿听也；若卫音，靡也；夫子去子也；

仅悦目而弗悦心之色，亦非礼也，勿视也；若郑声，淫也；夫子放之也；

非礼之音、色，皆非乐也；因其仅悦耳目而弗悦人之心也；

故而，夫子去卫音、放郑声，而成《诗》三百，长传于世而为经也。

人之在世，非礼，则勿视听言动也！

里仁·第四·德也

里仁，内仁也，心仁也；仁则德也。

里仁者，而可以其仁与天地人久相处而约之以礼也；里仁者，而可以其仁与天地人长相处而悦其心也；

仁者，安人以仁也，而得人心也；知者，利人以仁也，而无不利也。

● ○ ●

【现原文】

子曰："里仁为美。择不处仁，焉得知？"

【正解文】

子曰：里仁为美！择不处仁，焉得知？

【注释】

里仁：内仁也，其心仁也。

为：作为也，施为也，发用施行于世也。

美：善也。

择：选择也，遇事而择其方也，选择为人处世之道也。

处：以也。

择不处仁：不处仁而择也，不以仁而择也。

焉得知：焉得知美哉，焉得知善哉。

【正解】

夫子言：

心存仁德，而为，则美哉善哉！为人处世，不以仁而择，焉得知美哉？

【引解】

里仁而为，则美哉善哉！为人处世，择不以仁，焉得知美哉？

里仁者，施之于世，示之于人则礼也；

夫子曾言"礼之用，和为贵；尧舜先王之道，斯为美"，是也！

【现原文】

子曰："不仁者不可以久处约，不可以长处乐。仁者安仁，知者利仁。"

【正解文】

子曰：

不仁者，不可以"不仁"而久处约；不可以"不仁"而长处乐。

仁者，安人以仁；知者，利人以仁。

【注释】

不仁者：择，不处仁者也。

不可以：不可以之也，不可以"不仁"也。

久处：相处可久也。

约：约礼也，约之以礼也，相约以礼也。

长处：相处可长也。

乐：心中悦也。

安仁：安人以仁也。

利仁：利人以仁也。

【正解】

夫子言：

不仁者，不可以其"不仁"与天地人久相处而约之以礼；不可以其"不仁"与天地人长相处而悦其心。

仁者，安人以仁也；知者，利人以仁也。

【引解】

夫子教化于人：

里仁者，而可以其仁与天地人久相处而约之以礼也；里仁者，而可以其仁与天地人长相处而悦其心也；

仁者，安人以仁也，而得人心也；知者，利人以仁也，而无不利也。

【现原文】

子曰："唯仁者能好人，能恶人。"

【现原文】

子曰："苟志于仁矣，无恶也。"

【正解文】此两节宜合并，如下：

子曰：唯仁者，能好人，能恶人；

继，子曰：苟志于仁矣，无恶也。

【注释】

唯：唯有，一也。

仁者：里仁者也；里不仁，非仁也，伪仁也。

能好人：能好 hào 人之好 hǎo 也；好 hǎo 者，善也。

能恶人：能恶 wù 人之恶 è 也。

苟：如果能够；只要。

志：立志也；诚也。

志于仁：立志于仁也；诚于仁也；诚而致仁也。

【正解】

夫子言：唯有仁者，能好 hào 人之好 hǎo 也，能恶 wù 人之恶 è 也；

继而，夫子言：只要立志于仁，则无恶 è 也。

【引解】

夫子教化于人：

里仁也；里不仁者，非仁也，伪仁也。

仁者，明也，明善恶也，能好 hào 人之好 hǎo 也，能恶 wù 人之恶 è 也；

明则诚也，人生致善，只一诚字：

善能诚好 hào，无念不善也；恶 è 能诚恶 wù，无念及恶 è 也！

故而，唯有仁者，能好 hào 人之好 hǎo 而为善也，能恶 wù 人之恶 è 而去恶 è 也；

此，为善去恶也，格物也；格物者，格心也，格其不正以归于正；格心归正而仁也！

苟志于仁，必诚而致仁，则无恶 è 也。

━━━━ 【现原文】 ━━━━━━━━━━━━

子曰："富与贵，是人之所欲也，不以其道得之，不处也。贫与贱，是人之所恶也，不以其道得之，不去也。君子去仁，恶乎成名？君子无终食之间违仁，造次必于是，颠沛必于是。"

【正解文】

子曰：

富与贵，是人之所欲也，不以其道得之，不处也；

贫与贱，是人之所恶也，不以其道去之，不为也。

君子失仁，岂恶乎"不仁者"成其名？

君子无终食之间违仁，造次必于是，颠沛必于是。

【注释】

是：如是，这。

道：仁也，义也。

处：居也。

去之：摆脱也。

无终食之间：无时无刻也，时时刻刻也，须臾之间也。

违仁：违于仁也，不仁也，失仁也。

造次：时间上急遽，仓猝。

颠沛：空间上颠簸流离。

于是：如是也。

【正解】

夫子言：

富与贵，如是者乃人之所欲也，不以其道而得之，不居也；

贫与贱，如是者乃人之所恶 wù 也，不以其道而去之，不为也。

君子失仁，岂能恶乎"不仁者"成其名？

君子无须臾之间违仁，纵使造次亦必如是，纵使颠沛亦必如是。

【引解】

夫子教化于人：

富与贵，乃人之所欲也，以其道而得之，君子也；

贫与贱，乃人之所恶 wù 也，以其道而去之，君子也。

君子失仁，却恶 wù 乎"不仁者"成其名，已非君子也，伪君子也；

君子者，纵颠沛造次，须臾间亦不失仁也。

君子，里仁也；里仁而可得富贵也；

此若，坤☷之"积善之家必有余庆，积不善之家必有余殃"；

不积善不足以成其功名富贵也，不积恶不足以灭其身也！

【现原文】

子曰："我未见好仁者，恶不仁者。好仁者无以尚之，恶不仁者其为仁矣，不使不仁者加乎其身。有能一日用力于仁矣乎？我未见力不足者。盖有之矣，我未之见也。"

【正解文】

子曰：

吾未见"好仁者，恶不仁者"也；

好仁者，无以尚之。

恶不仁者，其为仁矣，不使不仁之名者加乎其身；其岂有能一日用力于仁乎？

吾未见其力不足者，盖有之矣，吾未之见也。

【注释】

好仁者：诚志于仁者也；好 hào 者，诚也。

恶不仁者：厌恶 wù 不仁之名者也。

无以尚之：无所崇尚也，无所嗜好也，无所偏执也，无所刻求刻为也；无将迎也，无意必固我也。

用力：志力于也。

盖：如也，若也。

【正解】

夫子言：

吾未见"好仁者而恶 wù 其有不仁之名者"也；

诚好仁者，则无以尚之也，无刻求刻为也。

恶 wù 不仁者，其为仁矣，以不使"不仁之名者"加乎其身；其岂有能一日志力于仁乎？

吾未见其"不使'不仁之名者'加乎其身"之力不足者，如有之矣，吾未之见也。

【引解】

夫子教化于人：

好仁者，则诚志力于仁也，其不恶 wù 不仁之名加乎其身也；

恶不仁者，其恶 wù 不仁之名加乎其身也，其岂有能一日志力于仁乎？其非诚好仁者也，其伪仁也，伪君子也。

诚好仁者，无以尚之也；无所崇尚，无所嗜好，无所偏执，无刻求刻为；无将迎，无意必固我。

【现原文】

子曰："人之过也，各于其党。观过，斯知仁矣！"

【正解文】

子曰：人之过也，各于其党；观过，斯知仁矣！

【注释】

过：过其度也，过其位也；失其正也，失其中也。

党：私欲也。

观过：观己之过也。

斯：方可。

仁：里仁也，义也，礼也，信也，德也。

知：知行合一致其知而无惑也。

【正解】

夫子言：人之过也，各源于其私欲也；观己之过，方可知仁矣！

【引解】

观己之过，方可知仁也；改之，则致仁也；观己之过而改之，则人亦改之也。

已知仁，则人亦知仁也；已致仁，则人亦致仁也！

掩己之过，徒观人之过且责之，则己之过更甚也！

夫子教化于人，责己恕人也；

责己，方可"出淤泥而不染，濯清涟而不妖"；

恕人，则明"蓬生麻中，不扶而直；白沙在泥，不染而黑"。

【现原文】

子曰："朝闻道，夕死可矣。"

【正解文】

子曰：朝，闻道；夕，息；可矣！

【注释】

朝：日出之时。

闻道：学而习之也，学而劳作也。

夕：日没之时。

息：宴息也；君以向晦入宴息也；以者，应也。

可矣：则可也，即可也。

【正解】

夫子言：朝 zhāo，闻道而作；夕，日没 mò 而息；可矣！

【引解】

"朝闻道而作，夕日没而息"者，夫子教化于人："君应闻道收德于心施于行，向晦入宴息也"。

朝而夕，夕而朝也；作而息，息而作也；

昼而夜，夜而昼也；生而死，死而生也。

当生不以死也，当死必来生也。

【现原文】

子曰："士志于道，而耻恶衣恶食者，未足与议也。"

【正解文】

子曰：

士，志于道；而耻"恶衣恶食"者，未足与之议也。

【注释】

士：里仁者也。

志于道：志力于道也；道者，仁也，义也，礼也，信也，德也。

耻：以之为耻也。

未足：不可。

议：言义也；言仁义礼信也；言德也。

【正解】

夫子言：

士，志于道者也。而耻"恶è衣恶è食"之士，非士也，实伪士也；不可与之言仁义礼信也。

【引解】

士志于道；而耻于恶è衣恶è食者，非诚志于道也，实伪士也；不可与之言义也。

恰若：

孝者，善之源也；人生致善，只一诚字：

善能诚好 hào，无念不善也；恶è能诚恶 wù，无念及恶è也！

亦若：

《大学》者，只是一个诚意；

欲诚其意者，随意之所在之物而格之，格其心之不正以归于正，去其私欲而归于天理，则良知之在此事者无蔽而得致矣；

故而，学而时习之，格物·致知·诚意·正心也；

心正则安也！

【现原文】

子曰："君子之于天下也，无适也，无莫也，义之与比。"

【正解文】

子曰：

君子，之于天下也；无适也，无莫也；义之与比。

【注释】

之于：立于，处于。

天下：天下之事也；天地之间也；世也。

适：可也；偏好 hào 也。

莫：非也；偏恶 wù 也。

义：宜也，宜于天纹地理人心也，仁义礼信皆义也；道也；理也。

与：合也，顺也。

比：临也，近也；《易》、卦、爻之比应之比也。

【正解】

夫子言：

君子，立于天下也；无偏好 hào 也，无偏恶 wù 也；惟求合乎义也。

【引解】

夫子教化于人：

正心修身也，正心修身齐家而可为君子也；

喜怒哀乐之未发之谓中，发而皆中节之谓和；中也者，大本也；和也者，达道也；致中和，天地位也，万物育也；

心有所忿懥则不得其正，则义之远矣！

义者，宜也，宜于天纹地理人心也；道也；理也。与者，合也，顺也，应也；止行与时之与也。

人立于天地之间，自当无所偏好 hào，无所偏恶 wù，当行则行，当止则止，止行与时，惟求合乎义也；此，可为君子者也！

【现原文】

子曰："君子怀德，小人怀土。君子怀刑，小人怀惠。"

【现原文】

子曰："放于利而行，多怨。"

【正解文】此两节宜合并，如下：

子曰：

君子怀德，小人怀仕；君子怀省，小人怀悔。

继而，子曰：

方于利而行，多怨。

【注释】

怀：心中怀有也。

德：心中有仁也，里仁也；里仁，则德也。

省：反省也，反躬自省也。

悔：悔恨也，悔不当初也。

方：局限于；偏执于，偏好 hào 于。

怨：悔恨而心有怨也。

【正解】

夫子言：

君子怀德，里仁也；小人怀仕，利欲也。君子怀省而厚德也，小人怀仕不

60

得而心有怨也。

继而，夫子言：

局于利而行，则多怨也。

【引解】

怀者，心不为所居而虚也，虚怀若谷也！

君子怀德，里仁也；当行则行，当止则止，止行与时，惟求合乎义也；怀省，过而改之，而必厚德载物也！

小人怀仕，利欲也；方于利而行者，不当行而行也；怀仕不得，必悔恨而多怨也。

方者，萃☷之方也，"方以类聚，物以群分"之方也；方者，方于类也；

方于利者，为利所方也，必怀悔而有怨也；故而，夫子曰"方于利而行，多怨"也；

曰者，说shuì而悦人心也；

悦者，兑☱也，泽涟泽，丽泽也；悦其心而心中悦也；说shuì而悦人心，谓之曰也；

之于方者，文而化之，曰"放"也；放下也，放下利欲而行，则行不方于利也，当行则行也，必德渐☷厚而载物渐☷丰也；

故而：方于利而行，多怨；放于利而行，则无怨！

【现原文】

子曰："能以礼让为国乎？何有？不能以礼让为国，如礼何？"

【正解文】

或问：有以礼让为国乎？何有？

子曰：不能以礼让为国，如礼何？

【注释】

或问：有人问于夫子。

为国：治国安民也。

何有：哪有有？何时曾有？

如礼何：尧舜先王为何要制礼作乐yuè呢？

【正解】

有人问于夫子曰：有以礼让治国乎？何有？

夫子曰：若不能以礼让治国，尧舜先王制礼作何？

【引解】

夫子教化于人：

里仁而让，则礼也；礼而无仁，非礼也；礼则让也；礼让可为国也；

为国者，治国也，安民也；民安则国治也。

尧舜周文先王所以制礼作乐 yuè 而安民也，为国也；

此若，尧舜先王制礼作乐 yuè，以《韶》而润人心；人人礼让，皆可放于利而行，人心无怨，民安而国治也。

=== 【现原文】 ===

子曰："不患无位，患所以立。不患莫己知，求为可知也。"

【正解文】

子曰：不患无位，患所以立；不患己莫知，求为何知也。

【注释】

患：事成串而存于心也；心忧也，担忧也，忧愁也。

位：职之位也。

立：立身也，立位也；其位可久也。

莫：不也，弗也。

求：旦求，只求。

【正解】

夫子言：不患无其位，而患位之所以可立也；不患己不知，且求为何知也。

【引解】

位之所以可立者，里仁也，德也；里仁，则可得其位也，其位可立也，可久也；有德必有位也。

有德而得其位者，其位可立也，可载物也，可久也！

无德而窃其位者，德不配位也，其位不可立也，不可载物也，不可久也，有凶也！

若《易》之鼎☲☴，木上有火，德以配位也，以者，应也；

否则，若鼎☲☴之九四"鼎折足，覆公𫗧，其形渥，凶"，阳居阴位，不当也，德不配位也，有凶也；纵居得此位，亦不可立也！

"不患己不知，且求为何知"者，夫子言立志也，志立以恒而致知也；

明时，阳明先生言"志不立，天下无可成之事"，亦明此意也！

人立于世，当去私欲而存天理，立"去私欲而存共产主义之天理"之志，不忘初心，牢记使命，志存高远，脚踏实地，为中国人民谋幸福，为中华民族谋复兴！

=== 【现原文】 ===

子曰："参乎！吾道一以贯之。"曾子曰："唯。"子出，门人问曰："何谓也？"曾子曰："夫子之道，忠恕而已矣。"

【正解文】

子曰：参乎，悟道；一以贯之。

曾子曰：唯!

子出，门人问曰：何谓也?

曾子曰：夫子之道，忠恕而已矣。

【注释】

子：夫子；孔子弟子对孔子的敬称；弟子理书，书中称夫子，敬也。

曰：说 shuì 而悦人心也；悦者，兑☰也，泽涟泽，丽泽也；悦其心而心中悦也；说 shuì 而悦人心，谓之曰也。

参乎：参与，行于，实践于；乎者，语气介词，若合乎天理之乎也；参者，若参赞化育之参也，赞天地之化育而与天地参也。

悟：体悟，实践体悟；参乎天地而体悟，参赞天地之化育而体悟。

悟道：参赞天地之化育，实践体悟，方可知得天地之道也。

一以贯之：持之以恒，恒其德也；不忘初心，终始一也。

唯：口中言其心中所愿也，似喏而胜喏也；而惟者，惟一也，惟精惟一也，心中惟有而无需言也。

忠：与人以忠也，其心中也，其心中正也。

恕：宽恕也，宽以待人也。

忠恕：其心中正，责己恕人也；责己，方可"出淤泥而不染，濯清涟而不妖"；恕人，则明"蓬生麻中，不扶而直；白沙在泥，不染而黑"。

【正解】

夫子对众弟子曰：参赞乎天地之化育，学而时习，体悟天地之道；应一以贯之。

曾子明夫子教诲，曰：唯!

夫子出，有弟子问于曾子曰：夫子所言，何谓也?

曾子曰：夫子教吾等之道，与人以忠，忠恕而已。

【引解】

夫子教化于人：

言笃信，行笃敬，赞天地之化育，而与天地参也；

学而时习，体悟天地之道，知行一也；且应一以贯之，持之以恒☷，终始一也!

言笃信者，其言笃行而可取信于人也；行笃敬者，行而心中有敬，恒其德也。

与人以忠；忠者，忠恕也，其心中正，责己恕人也；

以"出淤泥而不染，濯清涟而不妖"而责己，以"蓬生麻中，不扶而直；白沙在泥，不染而黑"而恕人。

【现原文】

子曰："君子喻于义，小人喻于利。"

【正解文】

子曰：君子寓于义，小人寓于利。

【注释】

寓：寄寓也，心之所居也。

义：宜也，宜于天纹地理人心也，仁义礼信皆义也；道也；理也。

利：此言声色货利，私利也，小利也。

【正解】

夫子言：君子寓于义理，小人寓于声色货利。

【引解】

夫子教化于人：

去私欲而存天理也。义理，大利也；声色货利，小利也。声色悦人耳目，不如义理之悦人心也。

寓于义虽非利，则必生利也；寓于利而无义，然利终亡也。

寓于义者，义之和也，则利生而物足也；此若《易》之乾☰，元·亨·利·贞；

元：善之长 zhǎng，善之生发而长 zhǎng；善源于心而生发而长 zhǎng，即元；

亨：礼之合，嘉之会，而亨通也；

利：义之和，则利生而物足也；

贞：事之干，事之根本也；

此，乾卦"元·亨·利·贞"。

故而，己心善而善人而善万物，则人亦渐善万物亦渐善，此可谓元；

人与天地人共，合礼，合乎与天地人相处之伦常，则嘉会自然足而通达，此可谓亨；

人立于世，宜于天纹地理人心，即为义；人合义，而利物足，此可谓利；

人收德于心施于行，处事不图枝叶表象，能透过表象知本质，而得根本，此可谓贞。

人，寓于义而行于世，则必若乾☰元·亨·利·贞！

【现原文】

子曰："见贤思齐焉，见不贤而内自省也。"

【正解文】

子曰：见贤，思齐焉；见不贤，而内自省也。

【注释】

内：心也，内心也。

内自省：内心反省也，反躬自省也。

【正解】

夫子言：见贤，应思齐焉；见不贤，而应反躬自省也。

【引解】

明时，阳明先生言"身之主宰便是心，心之本体便是知，心之所发便是意，意之所在便是物，此心在物则为理；心即理也！"

"见贤而思齐，见不贤而内自省"者，格物也，格心也，格其不正以归于正也；而致知也，而致善也；亦《大学》之诚意也！

阳明先生言"格物乃诚意之功夫"，亦明此意；

欲诚其意者，随意之所在之物而格之，格其心之不正以归于正，去其私欲而归于天理，则良知之在此事者无蔽而得致矣；

此者，格物·致知·诚意·正心也；修身·齐家也！

【现原文】

子曰："事父母几谏，见志不从，又敬不违，劳而不怨。"

【正解文】

子曰：

事父母，几谏；现志，不从；犹敬，不违；劳而不怨。

【注释】

事：与之处也，事而俸也；事天事地事人也。

几 jī：微也，隐也，未显未现也；发之于未发也，然之于未然也。

谏：劝谏也，责善也；劝之为善去恶也。

现：展现也，示也。

志：谏之衷也，谏之初心也。

犹：依然，仍然。

劳：持志以恒，往复谏也。

不怨：虽劳而心不怨也。

【正解】

夫子言：

事父母，于几 jī 时谏也；示谏之衷，而父母仍不从者；依然敬之，而不违谏之衷也；

且持志以恒，往而复谏，虽劳而心不怨也。

【引解】

"事父母，于几 jī 时谏"者，为之于未有也，治之于未乱也，图之于未萌也；防患于未然也；

几 jī 时者，欲发而未发之时也，欲然而未然之时也；其私欲将显而未显，将现而未现之时也；

"事父母，于几 jī 时谏"者，作之于其易也，易谏也。

"示谏之衷，而父母仍不从者；依然敬之，而不违谏之衷"者，乃孝也；

"持志以恒，往而复谏，虽劳而心不怨"者，恒也，恒其志，恒其德也；不忘初心，方得始终！

谏者，蹇䷦也，需持志以恒也；往蹇䷦而来涟，虽劳而心无需怨也；

往谏而致善，克谐以孝，蹇䷦而来涟，和和睦睦，怡怡如也！

【现原文】

子曰："父母在，不远游，游必有方。"

【正解文】

子曰：父母在，不远游，游必有方。

【注释】

在：在世也。

远游：求学问道，发用施为于他乡。

方："方以类聚，物以群分"之方也；方于理也，合乎天纹地理人心也。

【正解】

夫子言：父母在，不远游，游必有其方也。

【引解】

方者，若《易》之萃䷬，地上有泽，方以类聚，物以群分；

方于利而行，多怨也；放于利而行，无怨也；方于理而行，则可通达也；

此若鬼谷先生言"圆，合以顺也；方，错以事也"；方者，所以能错开而可成事也，而可通可达也；

故而，夫子言"父母在，不远游，游必有方"！

【现原文】

子曰："三年无改于父之道，可谓孝矣。"

【正解文】

子曰：三年无改于事父之道，可谓孝矣。

【注释】

三年：持续多年也；持之以恒，一以贯之，终始一也。

事：行事而恭俸也。

父：父母也。

【正解】

夫子言：持续多年，不改于事父母之道者，方可谓之孝也！

【引解】

夫子教化于人：

事父母以孝,应持之以恒☰,一以贯之,终始一也,不改其道,恒☰其德也!

【现原文】

子曰："父母之年，不可不知也。一则以喜，一则以惧。"

【正解文】

子曰：父母之年，不可不知也；一则以喜，一则以惧。

【注释】

年：年岁也。

知：心知也，存于心也。

以：应也，当也。

喜：高兴，心中悦也。

惧：忧也，虑也。

【正解】

夫子言：父母之年岁，不可不存于心也；父母年岁长 zhǎng，一则应喜，一则当虑。

【引解】

父母年岁长 zhǎng，儿女一则应喜，喜父母长寿也；一则当虑，虑为陪伴父母养老也；

此，亦夫子教化于人"父母在，不远游，游必有方"也！

【现原文】

子曰："古者言之不出，耻恭之不逮也。"

【正解文】

子曰：古者，言之不出；耻躬之不逮也。

【注释】

古者：古之圣者也；尧、舜、文王、周公等皆然也。

言之不出：言之不轻易出于口也；言之即出，驷马亦追之莫及也。

耻：以之为耻也。

躬：亦行也；身体力行也，身心实践体悟尽力而行也。

不逮：不及也，不符也；行不及其言也，名不符其实也。

【正解】

夫子言：古之圣者，言之不轻易出于口；其耻于行之不及其言也。

【引解】

夫子教化于人：

人应言而有信也，言而不行非信也；行之不及其言，应以之为耻也！

君子者，无虚言，其不求虚名也；君子耻于行不及其言也，亦耻于名不符其实也；

故而，君子不言，言之必及；君子不诺，一诺千金！

【现原文】

子曰："以约失之者鲜矣。"

【正解文】

子曰：以约；失之者，鲜矣！

【注释】

以：应也。

约：束也，简也；束而可无失也，简则不失其本也。

失之者：失其理也，失其德也；失其礼也，失其本也；过失也。

鲜：少也，近于无也。

【正解】

夫子言：应博文约礼；则失之者，少矣！

【引解】

夫子教化于人：

应博学于文，约之以礼；则有过失者，少矣！

【现原文】

子曰："君子欲讷于言而敏于行。"

【正解文】

子曰：君子以讷于言而敏于行。

【注释】

以：应也。

讷：言于内也，勿言于外也；于外少言也。

敏：每事皆文于心也，敏觉也。

行：亦躬也；身体力行也，身心实践体悟尽力而行也。

【正解】

夫子言：君子应讷于言而敏于行。

【引解】

"讷于言"者，亦若"古者言之不出"也；出之必及也；

"敏于行"者，尤恐"躬之不逮"也；行必及其言也；

人讷于言而敏于行，方可行及其言，名符其实！

【现原文】

子曰："德不孤，必有邻。"

【正解文】

子曰：德，不孤；必有邻。

【注释】

德：仁义礼信也。

孤：孤僻也，偏也，执也。

必有邻：则必，亲邻至也，朋友来也。

【正解】

夫子言：德，不偏执；则必有邻。

【引解】

德不孤者，不偏执于德也，实德也，真德也，仁德也，大德也，道也；

必有邻者，则必，亲邻至也，朋友来也；善之长 zhǎng 也，嘉之会也，利物生也，贞固足也；

故，德者，得也；得善之长 zhǎng 也，嘉之会也，利物生也，贞固足也！

亦若《易》之乾䷀，元 · 亨 · 利 · 贞；

元：善之长 zhǎng，善之生发而长 zhǎng；善源于心而生发而长 zhǎng，即元；

亨：礼之合，嘉之会，而亨通也；

利：义之和，则利生而物足也；

贞：事之干，事之根本也；

此，乾䷀"元 · 亨 · 利 · 贞"。

故而，己心善而善人而善万物，则人亦渐善万物亦渐善，此可谓元；

人与天地人共，合礼，合乎与天地人相处之伦常，则嘉会自然足而通达，此可谓亨；

人立于世，宜于天纹地理人心，即为义；人合义，而利物足，此可谓利；

人收德于心施于行，处事不图枝叶表象，能透过表象知本质，而得根本，此可谓贞。

"不偏执"者，中和也；喜怒哀乐之未发谓之中，发而皆中节谓之和；中也者，大本也；和也者，达道也；致中和，天地位焉，万物育焉；

此之谓"德不孤，必有邻"，若乾☰元·亨·利·贞，又若坤☷厚德载物！

【现原文】

子游曰："事君数，斯辱矣。朋友数，斯疏矣。"

【正解文】

子，又曰：

事君，数；斯辱矣！友朋，数；斯疏矣！

【注释】

事君：事俸君主，事俸处于上位者也。

数 shuò：繁也，多也，杂也；过也；繁而不精也，无主也，失其本也。

斯：则也。

辱：近于辱也，受辱也，遭辱也；自辱也，辱其身也。

友：友于人也，友善于人也，友好于人也。

朋：志同道合者也。

疏：远也。

【正解】

夫子，又言：

事君，数 shuò；则自辱矣！友朋，数 shuò；则朋远矣！

【引解】

夫子教化于人：

居处以恭，执事以敬，与人以忠；告之以善道，不可则止；则可远耻辱也！

否则，过犹不及，自辱也！

题　结

里仁者，收德于心，施于行，君以向晦入宴息也；以者，应也。

"讷于言而敏于行"亦里仁也；"讷于言"者，亦若"古者言之不出"也；出之必及也；"敏于行"者，尤恐"躬之不逮"也；行必及其言也；

里仁者，行必及其言也，名必符其实也！必若乾☰元·亨·利·贞也，又若坤☷厚德载物也！

人立于世，当里仁也；里仁者，自去私欲而存天理，立"去私欲而存共产主义之天理"之志，不忘初心，牢记使命，志存高远，脚踏实地，为中国人民谋幸福，为中华民族谋复兴！

公冶长 · 第五 · 不器也

题 解

公者，公正也；以公而治，则可长 zhǎng 也，则可长 cháng 也；
可长 zhǎng 者，发展也；可长 cháng 者，长治久安也。

心正则公，之谓公正也；公正亦仁也，仁者，君子也；君子者，
不器也；

不器者，不局限于形和式也，不局限于已有也；

以公而治，苟利于民，不必法古；苟周于事，不必循俗；则
可发展壮大，长治久安也！

・●○●・

【现原文】

子谓公冶长："可妻也。虽在缧绁之中，非其罪也。"以其子妻之。

【正解文】

子谓公冶长：

可妻也！虽曾在缧绁之中，非其罪也。遂，以其子妻之。

【注释】

谓：对也，面向也。

公冶长 zhǎng：此，夫子弟子也；公冶氏，名长 zhǎng，字子长 cháng。

可：能也，可以也。

妻：娶妻也。

虽：虽然，纵使。

缧 léi 绁 xiè：世间受绳索所累；捆人之绳索，牢狱。

非其罪也：非尔之罪也。

其子：夫子之女也；子者，女子，女儿也。

妻之：为之妻也。

【正解】

夫子谓公冶长，曰：

尔可娶娆为妻也！尔虽曾处缧绁之中，然非尔之罪也。

遂，夫子以其女娆为之妻也。

【引解】

夫子者，圣人也，无偏见也；参赞天地之化育，造化于人也！

当是时，夫子之女娆与子长青梅竹马，相慕久矣；子长聪颖好学，善人知礼；孔娆知书达理，已亭亭玉立；焉然天作之合也！

然，子长因己曾处缧绁之中，多避孔娆而不见，其自卑也；

夫子察之，而对子长曰"尔可娶娆为妻也！尔虽曾处缧绁之中，然非尔之罪也"！遂，夫子以其女娆为之妻也；夫子，再造两人之和也！

夫子者，赞天地之化育而与天地参也，顺乎天而应乎人也！

【现原文】

子谓南容："邦有道，不废；邦无道，免于刑戮。"以其兄之子妻之。

【正解文】

子谓南容：

邦有道，不废；邦无道，免于刑戮。遂，以其兄之子妻之。

【注释】

谓：谈及也，言及也；认为也，以为也。

南容：此，夫子弟子也；南宫氏，名适，字子容。

邦：国也。

有道：礼乐兴，大道行也；大道者，公治也；大道之行也，天下为公。

不废：不废其言也。

无道：礼崩乐坏，大道不行也；坑蒙拐骗，奸淫邪佞行于世也。

免于刑戮：免遭刑戮也，能保其身也。

子：女子，女儿也。

妻之：为之妻也。

【正解】

夫子言及南容，曰：

邦有道，其言不废；邦无道，其能免于刑戮而保其身。

遂，夫子以其兄之女为之妻也。

【引解】

夫子者，圣人也，无偏无执也，明哲也！

明哲者；有道，其言足以兴，明也，而可来誉；无道，其默足以容，哲也，而可免于刑戮也！

既明且哲，可保其身也！

当今，大治之世，吾辈自当高举习近平新时代中国特色社会主义思想伟大旗帜，牢固树立四个意识，坚定四个自信，坚决做到两个维护，立"去私欲而存共产主义之天理"之志，不忘初心，牢记使命，志存高远，脚踏实地，为中国人民谋幸福，为中华民族谋复兴！

此若，《易》之《蹇》☷☵，山上有水，绿水青山也；不忘初心，牢记使命，跋山涉水而奋斗，蹇而来誉·来涟·来硕也，终必幸福也！

【现原文】

子谓子贱："君子哉若人。鲁无君子者，斯焉取斯。"

【正解文】

子谓子贱：君子哉，若人！鲁无君子者，斯焉取斯？

【注释】

谓：谈及也，言及也；认为也，以为也。

子贱：此，夫子弟子也；宓氏，名不齐，字子贱。

斯：这，此；此"掣肘难书"之谏也。

焉取斯：取自何处，出自何人也。

【正解】

夫子言及子贱，曰：

譬若，此人，君子哉！若言"鲁无君子"者，此"掣肘难书"之谏，治亶之君子之道，出自何人？

【引解】

君子者，既明且哲也；"掣肘难书"之谏者，君子也！

"掣肘难书"之谏，如是也；

子贱，治亶；恐鲁君之听谗言，不得行其治；遂，将辞之时，请近于鲁君之吏与之俱往；

至于亶，时报治事，子贱令吏书；吏将书，子贱从旁时掣摇其肘；吏书之不善，子贱为之怒，曰"子之书，甚不善，子快归矣！"

吏归报于君曰"宓子不可为书"，君曰"何故"？对曰"宓子使臣书，而时掣摇臣之肘，书恶而又甚怒，此臣所以辞而去也"。

鲁君太息而叹曰"宓子以此谏！乃寡人之不肖也！寡人之乱宓子，而令宓子不得行其治，寡人之过也！"

遂发旨而告宓子曰"自今而后，有便于亶者，子决为之，五岁而言其要，可矣！"

子贱得旨，敬！诺！得行其治于亶，遂，大治！

子贱，苟利于民而不循俗，苟周于事而不法古；其不器也！

故而，夫子谓子贱"君子"也，且告弟子凡言"鲁无君子"者，谬矣！

【现原文】

子贡问曰："赐也何如？"子曰："女，器也。"曰："何器也？"曰："琏瑚也。"

【正解文】

子贡问曰：赐也，何如？

子曰：汝，器也。

子贡曰：何器也？

子曰：琏瑚也。

【注释】

子贡：端木氏，名赐，字子贡。

何如：如何，怎么样。

器也：已成器也；亦未至"不器"也。

琏瑚：琏瑚之器也；已可发用于宗庙国家也。

【正解】

子贡问于夫子，曰：赐也，何如？

夫子曰：汝，器也。

子贡曰：何器也？

夫子曰：琏瑚之器也，已可发用于宗庙国家也。

【引解】

夫子言子贡，已成器也，已发用施行于宗庙国家也；然，其仍未至"不器"之器也；夫子教其毋骄而当勉行也！方为君子也！

君子者，不器也！复其心之本体之知者也！

身之主宰便是心，心之本体便是知，心之所发便是意，意之所在便是物，此心在物则为理！

复心之本体，便可寂然不动，便可未发之中，便可廓然大公；自然感而遂通，自然发而中节，自然物来顺应！

【现原文】

或曰："雍也仁而不佞。"子曰："焉用佞？御人以口给，屡憎于人。不知其仁，焉用佞？"

【正解文】

或曰：雍也，仁而不佞。

子曰：然！焉用佞？御人以口色，屡憎于人；用佞，则不知其仁，焉用佞？

【注释】

或：有人。

雍：夫子弟子；冉氏，名雍，字仲弓。

仁：里仁也；义也，礼也，信也；德也。

佞：奸佞 nìng 也，谄媚也；御人以口曰谄，御人以色曰媚。

御：驾御也，御使也；使人以己之意图而行也。

口色：谄言媚色也。

憎：受憎也。

【正解】

有人言：雍也，仁而不佞。

夫子曰：然！为何用佞？佞者，欲御人以谄言媚色，而屡受憎于人；人，仁则可矣；若用佞，则更不知其仁也，何需用佞？

【引解】

夫子教化于人，仁则可也，毋用佞也！

仁者，君子也，大人也，其仁亦大也，其德亦厚也，其得亦丰也；

佞者，谄媚者也，小人也，其仁亦小也，其德亦薄也，其得终亡也。

【现原文】

子使漆雕开仕。对曰："吾斯之未能信。"子说。

【正解文】

子，使漆雕开仕；

其对曰：吾，斯之，未能信。

子悦。

【注释】

漆雕开：夫子弟子；漆雕氏，名开，字子开。

仕：入世为官，造福一方。

其对曰：漆雕开对夫子曰。

斯之：至今，至此，到现在。

未能信：未能行其言而信也。

悦：心中悦也；悦，亦兑 yuè ☰ 也。

【正解】

夫子，使漆雕开仕；

其对夫子曰：吾，至今，亦未能行吾言而信也。

夫子闻而悦也。

【引解】

信者，人行其言也；言而不行，非信也；行及其言，方可为信也；

人行其言方可取信于人也，行其言方可得信也。

学应习也，学而应行也，应发用施行于世也；学而不施则惘也！

学而不施，犹知而不行也；知而不行，非知也；学而不施，非学也；

此者，夫子教漆雕开学而施也！

【现原文】

子曰："道不行，乘桴浮于海。从我者其由与？"子路闻之喜。子曰："由也好勇过我，无所取材。"

【正解文】

子曰：道，不行；乘桴，浮于海；从我者，其由欤！

子路闻之，喜！

子曰：由也，好，勇过我；无所，取，材。

【注释】

道：有道之道也，大道也；理也。

不行：大道之不行也，无道也。

海：天理之海也，道之海也。

从我者：随我行大道者也。

喜：心中喜也，其心悦也。

好 hǎo：善也；仁义礼信也。

勇：仁而勇也。

取：发用也，施行也。

材：材干也；才能也。

【正解】

夫子曰：纵，道之不行；吾亦乘桴，浮于海，而行道；从我者，亦惟其仲由欤！

子路闻之，心中喜也！

夫子曰：由也，此材好 hǎo 也，其勇亦过我；然，于时，亦无所发用其材也。

【引解】

"纵道之不行，亦乘桴浮于海而行道"者，夫子一以贯之，持志以恒，行大道也；恒其德也；亦夫子教化于人也！

"从我者，其由欤"者，夫子赞仲由，其行大道之志坚也！

"由也，好，勇过我"者，夫子赞仲由，此材好也，善也，仁义礼信也，其勇亦过人也；

仁者，必有勇；勇者，未必有仁。而仲由，此材好也，仁者也，其勇也，且过人也！

"无所，取，材"者，夫子惜仲由，于是时，逢乱世，礼乐坏，伦常违；材虽好，亦无所发用其材也；夫子亦慰由也！

仲由者，勇，逢乱世，亦弗纵其私；其仁也！从夫子，一以贯之而行道，其志坚也！夫子曰"勇过我"，言其仍执也，其勇过也！

【现原文】

孟武伯问："子路仁乎？"子曰："不知也。"又问。子曰："由也，千乘之国，可使治其赋也，不知其仁也。"

"求也何如？"子曰："求也，千室之邑，百乘之家，可使为之宰也，不知其仁也。"

"赤也何如？"子曰："赤也，束带立于朝，可使与宾客言也，不知其仁也。"

【正解文】

孟武伯问：子路，仁乎？

子曰：不知也。

又问；

子曰：由也，千乘之国，可使治其赋也；不知其仁也。

问：求也，何如？

子曰：求也，千室之邑，百乘之家，可使为之宰也；不知其仁也。

问：赤也，何如？

子曰：赤也，束带立于朝，可使与宾客言也；不知其仁也。

【注释】

孟武伯：孟氏何忌之子也。

仁：里仁也；仁者，自知也；他人弗知也。

由：夫子弟子；季氏，名仲由，字子路；简而近称由。

乘 shèng：战马与战车也。

治：治理也。

赋：贝与武也，田税与武丁也。

求：夫子弟子；冉氏，名求，字子有。

邑：城邑，大夫之封邑。

家：大夫之家也。

宰：家务之总管，家臣之首，家宰也。

赤：夫子弟子；公西氏，名赤，字子华。

束带：束发修身系绅带也。

朝 cháo：朝堂。

与宾客言：与外使言也，接待外使也，与外使唇枪舌战言于朝堂也；外交也，伐交也。

【正解】

孟武伯问于夫子：子路，仁乎？

夫子曰：仁者，里仁也，其自知也；而吾不知其仁者几何也，然吾知其所能也！

又问；

夫子曰：由也，纵使千乘之国，亦可使之治其赋也；然，吾不知其仁者几何也。

问：求也，何如？

夫子曰：求也，虽千室之城邑，百乘之大夫之家，亦可使之为之家宰也；然，吾不知其仁者几何也。

问：赤也，何如？

夫子曰：赤也，其束带立于朝，可使之与宾客言也；然，吾不知其仁者几何也。

【引解】

仁者，里仁也，乃去私欲而存天理之心也；故而，仁者自知而非人可知也！

然，仁者，必有其能也；发用其能以长人，则可体其仁也；

此之谓《易》之乾☰，元，"长人而体仁足"也！

【现原文】

子谓子贡曰："女与回也孰愈？"对曰："赐也何敢望回？回也闻一以知十，赐也闻一以知二。"子曰："弗如也。吾与女弗如也。"

【正解文】

子谓子贡曰：汝与回也，孰愈知？

对曰：赐也，何敢望回？回也，闻一以知十；赐也，闻一以知二。

子曰：弗如是也；吾与，汝弗如是也。

【注释】

子贡：端木氏，名赐，字子贡。

回：颜回；颜氏，名回，字子渊。

闻一以知十：闻一而可以一知十。

弗如是：不是这样也，并非这样也。

吾与：我认为，吾以为。

【正解】

夫子对子贡言：汝与回也，孰愈知？

对曰：赐也，何敢望回？回也，闻一以知十；赐也，闻一以知二。

子曰：并非如此！回也，主于理，而可知也；吾以为，汝弗如是也；赐也，尔虽多闻多见，然亦应主于理也。

【引解】

夫子教化于人，去私欲而存天理；主于理者，主于天理也，天地万物，千变万化，其理一也；

主于理者，而可知也，而可闻一以知十，闻一以知百，知千，而可至知也！

身之主宰便是心，心之所发便是意，意之所在便是物，此心在物即为理；

不忘初心，牢记使命，为中国人谋幸福，为中华民族谋复兴！

立"去私欲而存共产主义之天理"之志于心，则心即理也！

故而，主于理者，主心也，主此初心也；而可知也，而可至知也！

【现原文】

宰予昼寝。子曰："朽木不可雕也，粪土之墙，不可杇也。于予与何诛？"子曰："始吾于人也，听其言而信其行；今吾于人也，听其言而观其行。于予与改是。"

【正解文】

宰予，昼寝；子曰：

朽木，不可雕也；粪土之于墙，不可杇也。于予，弗改，则与之何殊也？

继，子曰：

始，吾于人也，听其言而信其行；今，吾于人也，听其言而观其行。于予，以改，是也！

【注释】

宰予：夫子之弟子；宰氏，名予，字子予。

昼寝：白昼寝息。

朽木：腐朽之木。

杇：以土杇墙也；砌墙，补墙，刷墙也。

于予：对于宰予也。

弗改：若不改。

何殊：何异；有何不同，有何区别。

以改：应改。

是也：可也。

【正解】

宰予，昼寝；夫子曰：

朽木，不可雕也；粪土之于墙，不可杇wū也。于予，弗改，则与之何异也？

继而，夫子曰：

- 79 -

始，吾于人也，听其言而信其行；今，吾于人也，听其言而观其行。于予，知过以改，即可也！

【引解】

夫子教化于人：

有过，勿忌惮；改之，即可也；则仍可言而信于人也；仍君子者也！

君子之过也，若日月之食；过也，人皆见之；其更也，人皆仰之！小人之过也，必文！文者，文其过也，文其过饰其非也。

人之，言而行，则信也；则可听其言而信其行也；则可取信于人也，则可发用于世也，此之谓信用也；

人，诚则信，诚信也！诚信者，必信于人也；故而，听其言而可信其行也；不然，听其言仍需观其行，已非诚信也！

【现原文】

子曰："吾未见刚者。"或对曰："申枨。"子曰："枨也欲。焉得刚？"

【正解文】

子曰：吾，未见刚者。

或，对曰：申枨。

子曰：枨也，欲；焉得刚！

【注释】

刚：刚强，阳刚。

申枨 chéng：夫子之弟子；申氏，名枨 chéng，字子周。

欲：执于欲也；逾乎天理之欲也，妄欲也。

【正解】

夫子曰：吾，于此，还未见阳刚者。

有人，对曰：申枨 chéng 也。

夫子曰：枨 chéng 也，其仍执于欲也；焉得刚！

【引解】

夫子教化于人，去私欲而存天理；无欲则刚！

【现原文】

子贡曰："我不欲人之加诸我也，吾亦欲无加诸人。"子曰："赐也，非尔所及也。"

【正解文】

子贡曰：吾不欲，人之加诸我也；吾亦无欲，加诸人。

子曰：赐也，非；此，尔所以及也。

【注释】

吾不欲：己所不欲也。

吾亦无欲：勿施于人也。

赐：子贡；端木氏，名赐，字子贡。

非：非加诸人者也。

及：可及，能及也。

【正解】

子贡曰：吾不欲，人之加诸我也；吾亦无欲，加诸人。

夫子曰：赐也，尔非加诸人者也；此乃尔所以能及也。

【引解】

夫子教化于人，己所不欲勿施于人，则可渐☰☰而及其所求也！

己所不欲勿施于人者，律己而善人也，修身而安人也！

【现原文】

子贡曰："夫子之文章，可得而闻也。夫子之言性与天道，不可得而闻也。"

【正解文】

子贡曰：

夫子之文，章，可得而闻也；夫子之言性，与天道，不可得而闻也。

【注释】

文：其心文也，文德也；心有文德而合乎天纹地理人心也。

章：彰也，彰显也。

可得而闻：其彰显也，可闻可见也。

夫子之言性：夫子述《礼记·中庸》而言"天命之谓性"也。

性：天赋使命也，其合乎天纹地理人心也，合乎天道也。

与天道：与天道合也，合乎天道也。

不可得而闻：上达之理也，不可闻见也。

【正解】

子贡曰：

夫子之文德所彰，可闻可见也；夫子之所言性，与天道合，乃理也，不可闻见也。

【引解】

夫子述《礼记·中庸》而言，天命之谓性，率性之谓道，修道之谓教；

性者，天命也，天赋使命也；可谓之性也，德性也。

"夫子之文德所彰"者，夫子率性而为，其文德所彰显也；夫子所行者，道也；

"可闻见"者，人可闻见而修道也，夫子行道而教化于人也；

"夫子之言性，与天道合"者，尊德性方可道问学也。

率性者，尊德性而行也，道也；其所行，彰显也，可闻见也；人可闻见而得教化也；

人得教化而可上达，上达于理也；理者，不可闻见也；

行道而教者，教化也；得教化而学者，下学也；

此若，欲使种子生发而为大树；为其施肥、灌溉、除草，凡可闻见而学者，皆下学也；

下学而发用于世，种子自然生发、成长、根粗干壮、枝繁叶茂、而为大树，此则上达也；

上达者，乃理也，其合乎天道也，然不可闻见也；

此之谓，下学而上达也！

【现原文】

子路有闻，未之能行，惟恐有闻。

【正解文】

子路曰：有闻，未之能行，惟恐有闻。

【注释】

有闻：有闻道也。

行：闻道而行也。

惟恐有闻：闻道而不行，耻也；惟恐有闻也。

【正解】

子路曰：有闻道，而未之能行，则惟恐有闻道也，犹不如不闻道也。

【引解】

夫子教化于人，闻道应行也，学而时习也；闻道而不行，学而不时习，犹不如不闻道也，不如不学也！

【现原文】

子贡问曰："孔文子何以谓之文也？"子曰："敏而好学，不耻下问，是以谓之文也。"

【正解文】

子贡问曰：孔文子何以谓之文也？

子曰：敏而好学，不耻下问，是以谓之文也。

【注释】

何以：以何，为何。

谓之：称之为。

敏而好学：敏于行且好学也。

不耻下问：不以下问为耻。

是以：以是，因此，所以。

【正解】

子贡问于夫子曰：孔文子何以谓之文也？

夫子曰：其敏于行且好学，不耻下问，是以谓之文也。

【引解】

夫子教化于人：

知之为知之，不知为不知，则谓之诚也；诚则明也，明则诚也，明诚相生而致知也；

不知则问，不以上下，则谓之文也；文者，德也！

【现原文】

子谓子产："有君子之道四焉。其行己也恭，其事上也敬，其养民也惠，其使民也义。"

【正解文】

子谓子产：

有君子之道，四焉：其行己也，恭；其事上也，敬；其养民也，惠；其使民也，义。

【注释】

谓子产：与子产言也。

行己也：行己之思虑也。

恭：小心与共也；与天地人共，小心，慎独，则谓之恭也。

事上也：事俸长辈也，事俸上位者也，事俸年长者也。

敬：苟有文则敬也，心中若有文德则敬也。

养民也：敬养万民也；养者，敬养也；民者，衣食父母也，应敬养也。

惠：心有一亩田，惠也；敬而施恩于人也。

使民也：役使民也；使民劳也，使民作也，使民为也。

义：宜也，宜于天纹地理人心也；心存理，则义也；理者，仁义礼信也，知也，德也，道也。

【正解】

夫子与子产言：

有君子之道者，四焉：其行己也，恭；其事上也，敬；其养民也，惠；其使民也，义。

【引解】

夫子教化于人：

行己之思，应恭，应慎独；事上，应敬；敬养民，应心存恩惠；役使民，应合乎义；此者，君子也！

使民，合乎义，则民易使也！可使之民，则由之也；使之而不应，非可使之民也，则应知之也，应使之知也，使之致良知也；

此若夫子言"民：可使，则由之；不可使，则知之"。

【现原文】

子曰："晏平仲善与人交，久而敬之。"

【正解文】

子曰：晏平仲，善；与人交，久而敬之。

【注释】

善：好 hǎo 也；与人以善也，以善待人也。

与人交：与人交往也。

【正解】

夫子曰：晏平仲，善；其与人交往，久而，人皆敬之！

【引解】

夫子教化于人：

善人者，人必善之；敬人者，人必敬之；

善者，源于心也；心者，诚也；善能诚好 hào，无念不善也；恶 è 能诚恶 wù，无念及恶 è 也！

源于心者，元也；元者，善之长 zhǎng 也；

此者，《易》之乾☰元也！

【现原文】

子曰："臧文仲居蔡，山节藻棁，何如其知也。"

【正解文】

子曰：臧文仲，居蔡；山节藻棁；何如，其知也？

【注释】

蔡：蔡国也。

居蔡：居于蔡也。

山节藻棁：喻其居奢侈豪华也。

何如：如何，怎么样。

其知：其所谓知也；人所谓"其知"也。

【正解】

夫子曰：臧文仲，居于蔡；而其居，山节藻悦，奢侈豪华；人之所谓"其知"也，如何？其未知也。

【引解】

夫子教化于人，知者，良知也，善也！

"臧文仲，居蔡；其居山节藻悦"者，弗善也，非知也；

其所谓己之"知"者，其言不由心也，其未知也，行不及其言也，伪善也；

人之所谓"其知"者，其名不符实也，其德不配位也。

【现原文】

子张问曰："令尹子文三仕为令尹，无喜色；三己之，无愠色。旧令尹之政，必以告新令尹。何如？"子曰："忠矣。"曰："仁矣乎？"曰："未知，焉得仁？"

"崔子弑齐君，陈文子有马十乘，弃而违之。至于他邦，则曰：'犹吾大夫崔子也。'违之。之一邦，则又曰：'犹吾大夫崔子也。'违之。何如？"子曰："清矣。"曰："仁矣乎？"曰："未知，焉得仁？"

【正解文】

子张问曰：令尹，子文，三仕为令尹，无喜色；三己之，无愠色；旧令尹之政，必以告新令尹；何如？

子曰：忠矣。

子张曰：仁矣乎？

子曰：未知！焉得仁？

子张又问：崔子弑齐君；陈文子有马十乘，弃而违之；至于他邦，则曰"犹吾大夫崔子也"，违之；之一邦，则又曰"犹吾大夫崔子也"，违之；何如？

子曰：清矣。

子张曰：仁矣乎？

子曰：未知！焉得仁？

【注释】

令尹：楚之宰相之职。

三仕为令尹：三次出仕为令尹。

无喜色：心无欣喜之意。

己：止也。

三己之：三次罢其令尹之职也。

无愠色：心无怨恨之意。

忠：心有中也，不偏执也，正也；心中正也。

未知：不知也，弗知也。

焉得仁：焉知得其仁乎？

违之：离开，离去。

之一邦：至一邦也。

清矣：纯而无杂也。

【正解】

子张问于夫子曰：令尹，子文，三次出仕为令尹，而心无欣喜之意；三次罢其令尹之职，而心无怨恨之意；且必以"己任之政"而告新令尹；何如？

夫子曰：其与人以忠矣。

子张曰：其仁矣乎？

夫子曰：吾未知！仁者自知而人弗知也！吾焉知得其仁哉？

子张又问：崔子，弒齐君；陈文子，有马十乘，然弃而离之；其至于他邦，则曰"犹吾大夫崔子也"，再离之；又至一邦，则又曰"犹吾大夫崔子也"，又离之；何如？

夫子曰：其清矣。

子张曰：其仁矣乎？

夫子曰：吾未知！仁者自知而人弗知也！吾焉知得其仁哉？

【引解】

"令尹，子文，三仕为令尹，无喜色；三已之，无愠色"者，之文其心中正也，忠也；

"旧令尹之政，必以告新令尹"者，子文与人以忠也。

"不与崔子者为伍，三离其邦"者，陈文子纯而无杂也。

然，仁者，里仁也，乃去私欲而存天理之心也；故而，仁者自知而非人可知也！

仁者，其必然：居上不骄，为下不卑；有道其言足以兴，无道其默足以容；既明且哲，以保其身！

【现原文】

季文子三思而后行。子闻之，曰："再，斯可矣。"

【正解文】

季文子，三思而后，行；

子闻之，曰：再，斯可矣。

【注释】

季文子：鲁国大夫；季氏，名行父，谥号文。

三思：思虑再三。

再：仍需再去私欲也。

斯可：则可。

【正解】

季文子，思虑再三而后，才行；

夫子闻之，曰：再去欲，方可矣。

【引解】

夫子教化于人，省察克己，去私欲而存天理也！

再者，仍需也，仍需去其私欲也；斯者，方也，方可致知也；

去欲存理而至知，即复心之本体；心之本体便是知，心之所发便是意，意之所在便是物，此心在物则为理！

身之主宰便是心，复心之本体，便可寂然不动，便可未发之中，便可廓然大公；自然感而遂通，自然发而中节，自然物来顺应！

行者，心之一念发动即是行；思者，思其行合乎天理也；何来妄思哉？

故而，合乎天理，可行也；否则，妄也；何需三思哉？

【现原文】

子曰："宁武子，邦有道，则知；邦无道，则愚。其知可及也，其愚不可及也。"

【正解文】

子曰：

宁武子，邦有道，则知；邦无道，则愚。其知可及也，其愚不可及也！

【注释】

宁武子：卫国大夫；宁氏，名俞，谥号武。

知：发用施行于世，其言足以兴也。

其愚：其若愚也，藏其才休其行也；默也，容也，大也，若谷若海也。

及者：追也，逐也，达也，至也。

可及：易及也，可达到也。

【正解】

夫子曰：

宁武子，邦有道，则示人以知；邦无道，则示人以愚。其"知"易及也，其"愚"不易及也！

【引解】

居上不骄，为下不卑；邦有道，则知，发用施行于世，其言足以兴也；邦无道，则若愚，藏其才休其行，其默足以容也；

宁武子，其若愚也，藏其才休其行，既明且哲，以保其身也！其默其容其大，若谷若海，不易及也！

明时，阳明先生《啾啾吟》亦言"用之则行舍即休，此身浩荡浮虚舟"！

【现原文】

子在陈曰："归与！归与！吾党之小子狂简，斐然成章，不知所以裁之。"

【正解文】

子在陈，曰：

归欤！归欤！吾党之小子，狂，简；斐然，成，彰；

不知所以裁之。

【注释】

子在陈：夫子游居于陈国。

归欤：回家吧，归乡吧。

吾党：吾乡，吾家乡也。

小子：小孩子，小伙子，年轻人。

狂：志向高远也。

简：心地善良纯朴也。

斐然，成：悄无声息自由生发而成然。

彰：彰显，彰扬。

裁之：裁而教之，裁而教化之。

【正解】

夫子在陈，而曰：

归欤！归欤！吾乡之小子，狂也简也，志高也，纯朴也；其斐然已成，且彰扬也；

吾等于此，实不知如何裁而教之。

【引解】

斐者，非文也，非文其心而德也；其悄无声息自由生发也；需裁而育之也；于人，虽人之初，性本善；然，斐然以成而彰者，则需裁而教化也！

裁者，裁承辅相也；裁承天地之道，辅相天地之宜也；顺乎天而应乎人也；而可强其根，固其本，枝繁叶茂，生生不息也！

【现原文】

子曰："伯夷、叔齐不念旧恶，怨是用希。"

【正解文】

子曰：伯夷、叔齐，不念旧恶；怨，是用，希。

【注释】

不念：不记恨也。

恶è：此恶è者，人常以己为善，而以人为恶è也。

旧恶è：已过往，他人之恶è也。

怨：人常以己为善，而以人为恶è，以此而生怨也。

是：如是也，这样也。

用：发用施行于世也；

是用：如是发用；此者，如是"不念旧恶"也。

希：少也，近无也。

【正解】

夫子言：伯夷、叔齐，不念旧恶è；所生怨恨，如是发用，则可化解☷☳也，希也，少也。

【引解】

此恶è者，人常以己为善，而以人为恶è也；以此，而生怨也；

人若如"伯夷、叔齐"，如是"不念旧恶è"，往生之怨，则可化解☷☳也，则希也，少也；

解☷☳，水动也，冰而化也，结而释也；险以动，动而免乎险也；化解也！

此，夫子教化于人，责己恕人也；恶者，自以为己为善，而以人为恶è也；

责己者，克己之私，去己之恶è也，无"固我"也；人不自以为善，便不以人为恶è也，便无怨也；

恕人者，宽以待人也，恕人之过也，则怨少也；

故而，怨，如是"不念旧恶è"，则希也！

念人旧恶，必生怨也；有怨，则险也，凶也；不念旧恶，则可化可解☷☳也，怨则希也，少也；则可化险而为夷，逢凶而化吉也！

【现原文】

子曰："孰谓微生高直？或乞醯焉，乞诸其邻而与之。"

【正解文】

子曰：孰谓微生高直？或乞醯焉，其乞诸其邻而予之。

【注释】

孰谓：谁言，谁以为，谁认为。

或：有人。

乞：讨要，借用。

醯xī：酒、酱、醋之料也。

【正解】

夫子曰：孰谓微生高直？有人向其乞醯xī焉；其乞醯xī于其邻，而后予之；非直也！

【引解】

有人乞醯于微生高，其乞醯于其邻而予之；何直也？非也！且，常此以往，心生怨也！

有则有，无则无，实告即可也，方可谓直也；实告而后，帮乞而予之，则仁也！

此，夫子教化于人，应诚也；

诚者，善能诚好 hào，无念不善也；恶 è 能诚恶 wù，无念及恶 è 也！

以此，亦可无怨也！

【现原文】

子曰："巧言令色，足恭，左丘明耻之，丘亦耻之。匿怨而友其人，左丘明耻之，丘亦耻之。"

【正解文】

子曰：

巧言、伶色、足恭，左丘明耻之，丘亦耻之；匿怨而友其人，左丘明耻之，丘亦耻之。

【注释】

巧言：文过饰非，掩己之私之言；哗众取宠，投人所好之言；非其本心之言也，其行不可及之言也。

伶色：伶俐善变之色；色者，容色也，行于表也。

足恭：非源其本心之恭也；过于恭也；未执中也；心有私之恭也，貌似恭而实心有私也。

耻之：以之为耻。

匿怨：匿藏怨恨。

【正解】

夫子曰：

巧言、伶色、足恭，左丘明耻之，丘亦耻之；匿怨而友其人，左丘明耻之，丘亦耻之。

【引解】

巧言伶色足恭者，多虚伪也，多阴而有险也；

念旧恶而生怨，争声色货利而生怨，心有私而生怨；心有怨，不化，且匿，则必生大怨；甚而，匿怨而友其人，则必阴而有险也；应以之为耻也！

故而，夫子教化于人，不念旧恶，则怨可解；去私欲而存天理，则怨不生！

"左丘明耻之，丘亦耻之"者，夫子不求异于人，旦求同于理；同于理，则通人之本心也！

【现原文】

颜渊、季路侍。子曰："盍各言尔志？"子路曰："愿车马衣轻裘与朋友共敝之而无憾。"颜渊曰："愿无伐善，无施劳。"子路曰："愿闻子之志。"子曰："老者安之，朋友信之，少者怀之。"

【正解文】

颜渊、季路侍；

子曰：盍各言尔志？

子路曰：愿，车马衣裘与朋友共，敝之而无憾。

颜渊曰：愿，无伐之善，无施之劳。

子路曰：愿闻子之志。

子曰：老者安之，朋友信之，少者怀之。

【注释】

颜渊：颜回，夫子弟子；颜氏，名回，字子渊。

季路：子路，夫子弟子；季氏，名仲由，字子路。

侍：侍同，陪同。

盍：何不。

伐：征伐也。

施：妄施也。

【正解】

颜渊、季路侍同；

夫子曰：何不各言尔志？

子路曰：愿以，车马衣裘与朋友共，虽敝之而无憾。

颜渊曰：愿有，无征伐之善世，无妄施之劳苦。

子路曰：愿闻夫子之志。

夫子曰：愿天下老者皆能得其安，朋友互其信，少者怀其志。

【引解】

《论语》乃夫子弟子所录，称孔子为夫子，敬也；同为弟子，而称姓名、名字，亦敬也！

夫子愿，天下老者皆能得其安，朋友皆能互其信，少者皆能怀其志；

少者怀其志者，怀其"去私欲而存天理"之志，怀其"至知"之志，怀其"辅相国君治世安民，小康而后大同"之志也！

此者，共产主义之根也，四个自信之本也，文化自信之源也！

夫子"愿天下老者皆能得其安，朋友皆能互其信，少者皆能怀其志"之志，持之以恒，一以贯之也；

恒其德也，通而久也；久而致远，世代生生不息也！

【现原文】

子曰："已矣乎！吾未见能见其过而内自讼者也。"

【正解文】

子曰：已矣乎！吾未见，能见其过而内自讼者也。

【注释】

已：止也；无也。

过：过错也。

内：内心也。

自讼：自省也；诸己也，自责也。

【正解】

夫子曰：无真学问矣乎！吾未见，能见其过而内自讼者也。

【引解】

夫子教化于人，应见贤而思齐，见不贤而内自省也，何况见己之过哉？

真学问者，应见其过而内自讼也！

自知者，明；自胜者，强；自讼者，则可渐而知也！

【现原文】

子曰："十室之邑，必有忠信如丘者焉，不如丘之好学也。"

【正解文】

子曰：十室之邑，必有忠信如丘者焉！不如丘之好学也。

【注释】

十室之邑：即便仅有十家之小地方也。

【正解】

夫子曰：虽十室之邑，亦必有忠信如丘者焉！然，不如丘之好学也。

【引解】

夫子教化于人，好学方可近乎知也！

明末，顾炎武先生《与友人书》，曾言：

人之为学，不日进则日退；独学无友，则孤陋而难成；不幸而在穷僻之域，无车马之资，犹当博学审问。

古人与稽，以求其是非之所在，庶几可得十之五六；若既不出户，又不读书，则是面墙之士；虽子羔、原宪之贤，终无济于天下。

夫子曾言"十室之邑，必有忠信如丘者焉！不如丘之好学也"；

夫以孔子之圣，犹如此好学！今人可不勉乎？

题　结

大道之行也，天下为公！以公而治，苟利于民，不必法古；苟周于事，不必循俗；则可发展壮大，长治久安也；

夫子所愿，天下老者皆能得其安，朋友皆能互其信，少者皆能怀其志；少者怀其"去私欲而存天理"之志，怀其"至知"之志，怀其"辅相国君治世安民，小康而后大同"之志也；

此者，共产主义之根也，四个自信之本也，文化自信之源也！

夫子言"十室之邑，必有忠信如丘者焉！不如丘之好学也"；圣者，生知安行；贤者，学知利行；学者，困知而勉行；然，以孔子之圣，犹如此好学，而况吾辈乎？

夫子愿天下少者皆能怀其志，而持志以恒，一以贯之也；恒其德也，通而久也；久而致远，世代生生不息也！

好学，近乎知！未济䷿志行终既济䷾；既济思患恒既济；

此若，《易》之《蹇》䷦，山上有水，绿水青山也；不忘初心，牢记使命，跋山涉水而奋斗，蹇而来誉·来涟·来硕也，终必幸福也！

当此大治之世，吾辈自当高举习近平新时代中国特色社会主义思想伟大旗帜，牢固树立四个意识，坚定四个自信，坚决做到两个维护！立"去私欲而存共产主义之天理"之志，不忘初心，牢记使命，志存高远，脚踏实地，为中国人民谋幸福，为中华民族谋复兴！

雍也·第六·定也

题　解

雍者，定也！定静安虑得也；

知止而后能定，定而后能静，静而后能安，安而后能虑，虑而后能得也！

雍者，雍雍穆穆也，泰也，寂然不动也；夫子教人致知也，致良知也！

身之主宰便是心，心之本体便是知，心之所发便是意，意之所在便是物，此心在物则为理；

复心之本体，便寂然不动，便未发之中，便廓然大公；自感而遂通，自发而中节，自物来顺应！

● ○ ●

【现原文】

子曰："雍也可使南面。"

【正解文】

子曰：雍也，可使南面。

【注释】

雍：夫子弟子；冉氏，名雍，字仲弓。

南面：面南也；面南而治也，主政一方也。

【正解】

夫子曰：雍也，可使其面南而治，主政一方也。

【引解】

夫子教化于人，应学而时习，发用施行于世也！

夫子教其弟子，辅相国君济世安民，知行合一，主政一方，教化众民也！

雍者，亦雍雍穆穆也，端庄肃穆也，定也；

夫子亦教化于人，去私欲而存天理，到得无私可克，自有端恭时在；

心存仁德，纵有声色货利，纷繁杂扰，此心亦可寂然不动也！雍也！

【现原文】

仲弓问子桑伯子。子曰："可也简。"

仲弓曰："居敬而行简，以临其民，不亦可乎？居简而行简，无乃大简乎？"
子曰："雍之言然。"

【正解文】

仲弓问子，"桑伯子"？

子曰：可也，简！

仲弓曰：居敬而行简，以临其民，不亦可乎？居简而行简，无乃大简乎？

子曰：雍之言，然！

【注释】

仲弓：雍也，夫子弟子；冉氏，名雍，字仲弓。

简：简朴，大道至简之简也；简于一也，一其理也。

敬：其心敬也；敬其理也。

居敬：居而敬于理也。

行：习也，实践也；行大道也。

行简：行大道宜简也，大道至简也。

居简：其居合乎理也。

大简：至简也。

【正解】

仲弓问夫子："桑伯子"何如？

夫子曰：可也，其简！

仲弓闻而有得，曰：居而敬于理，而行道以简，以临其民，不亦可乎？其居合乎理，而行道以简，岂不大简乎？

夫子曰：雍之言，然！

【引解】

敬者，其心敬也，敬天敬地敬人也，敬其理也；

简者，其心简也，简于一也，一其理也；

居理而行于理，其心简也；合乎理也，其理一也；居一而行一，大简也；至简，道也！

夫子亦教人慎独也；戒慎乎其所不睹，恐惧乎其所不闻，莫显乎隐，莫现乎微，君子慎其独也。

【现原文】

哀公问："弟子孰为好学？"孔子对曰："有颜回者好学，不迁怒，不贰过。不幸短命死矣。今也则亡，未闻好学者也。"

【正解文】

哀公问：弟子孰为好学？

孔子对曰：有颜回者，好学，不迁怒，不贰过；不幸短命死矣！今也，则亡，未闻好学者也。

【注释】

哀公：鲁哀公。

颜回：夫子弟子；颜氏，名回，字子渊。

迁怒：心不正也，心有怨而尤人也；迁己之怨而责人也。

贰过：过而弗改也；改而不实也。

【正解】

鲁哀公问：汝众弟子，孰为好学？

夫子对曰：有颜回者，其好学，不迁怒，不贰过；然，不幸短命死矣！今之天下也，则无，吾未闻若此好学者也。

【引解】

好学者，不迁怒，不贰过；夫子教化于人，学而习也，发用施行也，知行一也；

此，亦夫子思回也！

━━━【现原文】━━━━━━━━━━━━━━━━━━━━

子华使于齐，冉子为其母请粟。子曰："与之釜。"请益。曰："与之庾。"冉子与之粟五秉，子曰："赤之适齐也，乘肥马，衣轻裘。吾闻之也，君子周急不继富。"

【正解文】

子华使于齐，冉子为其母请粟；

子曰：与之釜。

请益；

曰：与之庾。

冉子与之粟五秉；

子曰：赤之适齐也，乘肥马，衣轻裘；吾闻之也，君子周急不益富。

【注释】

子华：夫子弟子；公西氏，名赤，字子华。

冉子：冉有也，夫子弟子；冉氏，名求，字子有。

与之：予之也。

周急：周济人之急需也。

益富：富而增其富也。

【正解】

子华出使于齐国，冉子为其母请粟；

夫子曰：与之一釜。

冉子请益；

夫子曰：与之一庚。

然，冉子与之粟五秉；

夫子闻之，曰：赤之适齐也，乘肥马，衣轻裘；其非贫也，实当下之急也；吾闻之也，君子周急不益富；周其急，可也；无需益也！

【引解】

夫子教化于人，君子以周急不益富，应雪中送炭而非锦上添花也！

益☲☳，雷厉风行，益也；舍己而益人，周人之所急，终益己也；

益者，增也；益不足则其治可平，益有余而其势可进！

【现原文】

原思为之宰，与之粟九百，辞。子曰："毋！以与尔邻里乡党乎！"

【正解文】

原思为子宰，子与之粟九百，辞！

子曰：毋！以之与尔邻里乡党乎！

【注释】

原思：夫子弟子；原氏，名宪，字子思。

宰：家宰。

辞：推辞，辞谢。

毋：毋需辞也。

粟九百：九百粟之俸禄也。

【正解】

原思为夫子之家宰，夫子与之粟九百而为其俸，原思辞！

夫子曰：毋需辞！可以之与尔邻里乡党，而周人之急乎！

【引解】

此，夫子施仁德而风行教化也，舍己而益人，周人之急也；

夫子执德而弘，信道而笃，广施仁德，雪中送炭也！

夫子以此而教化弟子及众人也。

【现原文】

子谓仲弓曰："犁牛之子骍且角，虽欲勿用，山川其舍诸？"

【正解文】

子谓仲弓曰：犁牛之子，锌且角；虽欲勿用！山川其舍诸。

【注释】

仲弓：雍也，夫子弟子；冉氏，名雍，字仲弓。

犁牛：耕牛也。

犁牛之子：耕牛之牛犊；亦耕牛，旦未长成也。

锌：锌赤色也。

角；其角已成也。

欲：欲以之为祭品也。

舍 shè：可宿之所也；舍而养也，养而生也。

【正解】

夫子谓仲弓曰：

犁牛之子，其锌且角已成，色质皆好 hǎo；然，虽欲以之为祭，亦勿用也！犁牛者，利山川其舍 shè 诸物也。

【引解】

此，夫子赞天地之化育而与天地参也！

犁牛者，耕田种粟，养人，育万物；有功于社稷也；利于山川其舍 shè 诸万民苍生也；

犁耕以牛也，而成其田也；祭祀者，示己心之诚于天地也；祭祀以羊，乃祥也；

犁牛，用其耕，本也；若以祭，则末也！本立而道生，材之发用与时有方也，夫子赞天地之化育而与天地参也！

【现原文】

子曰："回也，其心三月不违仁，其余则日月至焉而已矣。"

【正解文】

子曰：回也，其心日月不违，仁；其意则日月而至焉；已矣！

【注释】

回：颜回，夫子弟子；颜氏，名回，字子渊。

不违：不违于理也。

意：其心之所发也。

已矣：止矣，止于至善矣。

【正解】

夫子曰：回也，其心日月不违于理，仁也；其意则经日月而至诚焉；止于至善矣！

【引解】

身之主宰便是心，心之本体便是知，心之所发便是意，意之所在便是物，此心在物则为理；心即理也！

心者，身之主宰也；其日月经轮而不违于理，乃仁也，致知也，致良知也；

意者，心之所发也；心不违理，止行与时，则其意经日月而可至诚也；

故，欲诚其意者，随意之所在之物而格之，格其心之不正以归于正，去其私欲而归于天理，则良知之在此事者无蔽而得致矣；

此者，格物·致知·诚意·正心也；修身·齐家也！

此，亦夫子教人诚意也，大学之道也！

昔日，阳明先生言"《大学》只是一个诚意"，亦明夫子之意也。

【现原文】

季康子问："仲由可使从政也与？"子曰："由也果，于从政乎何有？"

曰："赐也可使从政也与？"曰："赐也达，于从政乎何有？"

曰："求也可使从政也与？"曰："求也艺，于从政乎何有？"

【正解文】

季康子问：仲由，可使从政也钦？

子曰：由也，果，于从政乎，何有不可！

问：赐也，可使从政也钦？

曰：赐也，达，于从政乎，何有不可！

问：求也，可使从政也钦？

曰：求也，艺，于从政乎，何有不可！

【注释】

季康子：季氏，名肥，字康子；时，鲁三桓之首也。

仲由：夫子弟子；季氏，名仲由，字子路；简而近称由。

果：果断勇敢。

赐：夫子弟子；端木氏，名赐，字子贡。

达：通达，通于情达于理也。

求：夫子弟子；冉氏，名求，字子有。

艺：合以顺也，方以事也，方圆也。

【正解】

季康子问于夫子：仲由，可使之从政也钦？

夫子曰：由也，其果勇，于从政乎，何有不可！

季康子问：赐也，可使之从政也钦？

夫子曰：赐也，其通于情达于理，于从政乎，何有不可！

季康子问：求也，可使之从政也欤？

夫子曰：求也，其艺，于从政乎，何有不可！

【引解】

天有纹，地有理，万物有其心，之谓天理；合乎天理者，义也；合于义，则宜也；示诸"合义之声色言行"而于人，之谓艺也；

艺者，宜于义也；合以顺也，方以事也，方圆也；

故而，果、达，亦皆艺也；此若，学问思辨皆行也，仁义礼信皆知也。

是以，夫子言由、赐、求，果、达、艺，皆合乎义也，于从政，何难之有，何有不可也！

【现原文】

季氏使闵子骞为费宰。闵子骞曰："善为我辞焉。如有复我者，则吾必在汶上矣。"

【正解文】

季氏使闵子骞为费宰；

闵子骞曰：善为 wèi 我辞焉！如有复我者，则吾必在汶上矣。

【注释】

季氏：季康子也；名肥，字康子。

闵子骞：夫子弟子；闵氏，名损，字子骞。

费宰：费邑之宰也。

善为我辞：请好言为我推辞。

汶上：汶水之北也；上者，阳也，水之北也；山南水北谓之阳，阳者，上也。

【正解】

季氏欲使闵子骞为费宰；

闵子骞曰：请好言为 wèi 我推辞焉！如有复使我为费宰者，则吾必已在汶水之北矣。

【引解】

季氏，名肥，字康子，鲁之卿大夫；时，鲁之三桓擅权；季氏者，三桓之首也。

夫子曾言：天下有道，则礼乐征伐自天子出；天下无道，则礼乐征伐自诸侯出。自诸侯出，盖十世希不失矣；自大夫出，五世希不失矣；陪臣执国命，三世希不失矣。

又言：禄之去公室，五世矣；政落于大夫，四世矣；故夫，三桓之子孙，危矣！

闵子骞，辞费宰，其知几也！

遂，季氏之家宰，陪臣阳虎执国命，公山不狃居费而叛；危矣！

【现原文】

伯牛有疾，子问之，自牖执其手，曰："亡之，命矣夫！斯人也而有斯疾也！斯人也而有斯疾也！"

【正解文】

伯牛有疾，子问之；

自牖执其手，曰：亡之，命矣夫？斯人也而有斯疾邪？斯人也而有斯疾邪？

【注释】

伯牛：夫子弟子；冉氏，名耕，字伯牛。

问：看望，慰问。

牖：窗牖。

亡：失也。

【正解】

伯牛有疾，久而未愈；夫子看望慰问之；

伯牛弗见，恐夫子染其疾也，亦恐夫子伤心也；夫子执意见，伯牛则自牖仅伸其手；

夫子执其手，而曰：失伯牛，吾命矣夫？如此之人怎也会有此疾邪？如此之人怎也会有此疾邪？

【引解】

此，夫子痛失伯牛而问天地也！

【现原文】

子曰："贤哉，回也！一箪食，一瓢饮，在陋巷，人不堪其忧，回也不改其乐。贤哉，回也！"

【正解文】

子曰：

贤哉，回也！一箪食，一瓢饮，在陋巷，人不堪其忧；回也，不改其乐。贤哉，回也！

【注释】

回：颜回，夫子弟子；颜氏，名回，字子渊。

乐 lè：心中悦也。

【正解】

夫子曰：

贤哉，回也！其一箪 dàn 食，一瓢饮，在陋巷，人不堪其忧；然，回也，其不改其乐也。贤哉，回也！

【引解】

乐者，去私欲而存天理，心中悦而乐 lè 也；

此，夫子思回也！

【现原文】

冉求曰："非不说子之道，力不足也。"子曰："力不足者，中道而废。今女画。"

【正解文】

冉求曰：非不悦子之道，力不足也。

子曰：力不足者，中道而废；今汝划。

【注释】

冉求：夫子弟子；冉氏，名求，字子有。

悦：心中悦也，心向往也，心中好 hào 也。

力不足：力不从心也；实求之借口也。

划：划限而止也。

【正解】

冉求曰：非不悦夫子之道，实吾力不足也。

夫子曰：力不足者，行至中道而歇也；而今，汝，还未行却划限而止也。

【引解】

道者，人之行也，不行不为道也！

【现原文】

子谓子夏曰："女为君子儒，无为小人儒。"

【正解文】

子谓子夏曰：汝为君子儒，勿为小人儒。

【注释】

子夏：夫子弟子；卜氏，名商，字子夏。

【正解】

夫子谓子夏曰：

汝应为 wéi 君子而为 wèi 人所需，勿为 wéi 小人而为 wèi 人所需；汝应为 wéi 君子之儒，而勿为 wéi 小人之儒。

【引解】

儒者，人之需也；为人所需也；为人所需者也！

【现原文】

子游为武城宰。子曰："女得人焉尔乎？"曰："有澹台明灭者，行不由径，非公事，未尝至于偃之室也。"

【正解文】

子游为武城宰；

子曰：汝，得人焉，尔乎？

曰：有澹台明灭者，其行不由径；非公事，未尝至于偃之室也。

【注释】

子游：夫子弟子；言氏，名偃，字子游。

武城：鲁之武城邑。

澹台灭明：夫子弟子；澹台氏，名灭明，字子羽。

尔乎：可否，曾否。

径：旁门小路也，歪门邪道也；非大道也。

【正解】

子游为武城宰；

夫子曰：汝，可否，识得人才焉？

子游曰：有澹台明灭者，其行不由小径；非公事，其未尝至于吾之室也。

【引解】

人才者，德才兼备，以德为先也；天下为公，行大道者也！

此，夫子教人选人用人之道也。

【现原文】

子曰："孟之反不伐。奔而殿，将入门，策其马，曰：'非敢后也，马不进也。'"

【正解文】

子曰：

孟之反不夸；奔而殿，将入门，策其马，曰"非敢后也，马不进也"。

【注释】

孟之反：鲁之大夫也。

夸：自夸，自炫，自耀，自表也。

奔：败北而奔也。

殿：殿后掩护也。

【正解】

夫子曰：

孟之反不自夸；败北而殿后，掩护其主而退，亦有功也；然，将入城门之时，策其马而示人，且曰"非吾敢殿后也，是马不进也"。

【引解】

孟之反有功而不自夸，将入门，策其马而示人，且曰"非敢后也，马不进也"；以是而隐其功也，其有功而弗居也。

有功弗居，恒吉也！

【现原文】

子曰："不有祝鮀之佞，而有宋朝之美，难乎免于今之世矣。"

【正解文】

子曰：无有祝鮀之佞，而有宋朝之美，难乎免于今之世矣。

【注释】

祝鮀：卫之大夫。

宋朝：宋公子朝。

美：质之美也，心之善也。

【正解】

夫子曰：无有祝鮀之佞，而有宋朝之美；则，难乎免于今之世矣，无所发用其才也。

【引解】

佞者，犹二女于前，迷惑人心者也；

春秋逢乱世，礼崩乐坏无大义；质美而无佞者，难以发用其才也！

【现原文】

子曰："谁能出不由户？何莫由斯道也？"

【正解文】

子曰：孰能出不由户？何，莫由斯道也？

【注释】

户：门户，大门也。

莫：无人，没有人。

道：正道，大道也。

【正解】

夫子曰：谁能出不经门户？然，为何，无人行此大道也！

【引解】

当是时，礼崩乐坏已无大义，正逢私欲利争之世；人之私自用智，伶俐知昏，而不致其知；无人行大道也！

伶俐知昏者，口舌耳目手足伶俐，然知昏也；知昏者，其良知受私欲遮蔽而不明也!

【现原文】

子曰:"质胜文则野,文胜质则史。文质彬彬,然后君子。"

【正解文】

子曰:

质胜文,则野;文胜质,则史。文,质,彬彬;然,后,君子。

【注释】

质:内之心也。

文:外之貌也,表之纹也。

史:死也,亡也,已定者也;故而,历往之定事之谓历史也。

彬:林之多也,材之实也;林多亦由木之生也,木木相生而益彰,不息而流长,之谓彬也。

【正解】

夫子言:

其质胜其文,必灵动过也,斐然而彰也,外无序,表无纹也,终则野矣;

其文胜其质,必内不致知,妄逐外也,刻求声色货利也,终则亡矣;

内质美而外文丽,质文相得益彰,格物致知,感而遂通,物来顺应,此之谓文质彬彬;

如是,而后,方可为君子也。

【引解】

格物者,格心也,格其不正以归于正也;致知者,正心修身致其良知也;

舍本而逐末,舍质而逐文,舍心而逐利,则必史也,终亡也;然,若外无序,表无纹,纵质美亦野矣;质美生动活泼而有纹理,方可谓文质彬彬也;纹理者,文礼也;

君子者,表里一也,内外相得益彰,文质彬彬也!

【现原文】

子曰:"人之生也直,罔之生也幸而免。"

【正解文】

子曰:人之生也,直;罔之生也,幸而无免。

【注释】

人:仁也,质美而直也。

直:质之美也;善也。

罔:质之丑也;恶è也;质恶而终亡也。

105

生：有也，存也，存于世也。

幸：侥幸也。

【正解】

夫子言：仁之生也，直也；罔之生也，虽侥幸而终无免其亡也。

【引解】

仁之可生发也，因其质之美也；罔之亦存于世也，侥幸而暂免其亡也，终必亡也！

—— 【现原文】 ——

子曰："知之者不如好之者，好之者不如乐之者。"

【正解文】

子曰：知之者不如好之者，好之者不如乐之者。

【注释】

知之：生知也，而安行也。

好之：学知也，而利行也。

乐之：困知也，而勉行也。

【正解】

夫子言：知之者不如好 hào 之者，好 hào 之者不如乐之者。

【引解】

知之者，生知而安行也；好之者，则可学知而利行也；乐之者，虽困知而勉其行也；勉者，自勉也，自勉其力也；

生知安行而乐之也，学知利行而可好之也，困知勉行而知之深也！

—— 【现原文】 ——

子曰："中人以上，可以语上也；中人以下，不可以语上也。"

【正解文】

子曰：中人以上，可以语上也；中人以下，不可以语上也。

【注释】

中：未发之中也。

中人：寂然不动者也，未发之中者也，廓然大公者也；超凡者也。

上：圣也；公也。

中人以上：超凡入圣者也。

以：与之也。

以语上：与之语公也。

下：小也，凡也；私也。

【正解】

夫子言：中人以上时，可与之语上也；中人以下时，不可与之语上也。

【引解】

去私欲而存天理，格物致知也，则可至知也，致良知也！

身之主宰便是心，心之本体便是知；复心之本体，便寂然不动，便未发之中，便廓然大公，自感而遂通，自发而中节，自物来顺应；此，中人也！

中人者，去欲存理，知行合一致其知者也！

人到得无私可克，自有端恭时在；此便寂然不动，便未发之中，便廓然大公，自感而遂通，自发而中节，自物来顺应；

金无杂色之谓精，人无私欲即为圣；人去欲存理而至中人以上之时，即已超凡入圣也，廓然大公也！

人至中人以上时，公器长 zhǎng 也，私欲淡也，可与之语公也；人于中人以下时，私欲重也，公器小也，不可与之语公也！

故而，夫子言"中人以上时，可与之语上也；中人以下时，不可与之语上也"！

【现原文】

樊迟问知。子曰："务民之义，敬鬼神而远之，可谓知矣。"问仁。子曰："先难而后获，可谓仁矣。"

【正解文】

樊迟问知；

子曰：务民之义，敬鬼神而远之，可谓知矣。

继而，问仁；

子曰：仁者，先难 nàn 而后获，可谓仁矣。

【注释】

樊迟：夫子弟子；樊氏，名须，字子迟。

知：良知也。

务：服务也，为 wèi 也。

务民：为 wèi 民也，为 wèi 民服务也，为 wèi 民务其实也，为 wèi 民务其劳也，为 wèi 民作为也。

义：义理也，根本也。

敬：敬畏也。

远之：方可应也，方可应于隐微之生发也。

仁：人致知而可仁也。

难 nàn：凶也，险也，灾也，祸也。

获：获福也，获吉也，获安也。

【正解】

樊迟问知；

夫子曰：务民之义，以民为本，顺乎天而应乎人，使民敬鬼神而远之，以使民免于难 nàn 而获福；以此为务民之道，则可谓知矣！

继而，问仁；

夫子曰：仁者，先于难 nàn 之生发而为，而后使民获福，则可谓仁矣！

【引解】

敬而远之者，心存敬畏而远之，方可应于隐微之生发也，方可化险而为夷，逢凶而化吉也！

知者，良知也，知行也；仁者，行其知也，行其良知也；

为之于未有，治之于未乱，先于难之生发而为，而使民免于难而获福；此则，知也，仁也；

故而，夫子教化于人，知行一也；知者，亦仁也；仁者，亦知也！

【现原文】

子曰："知者乐水，仁者乐山；知者动，仁者静；知者乐，仁者寿。"

【正解文】

子曰：

知者若水，仁者若山；知者动，仁者静；知者乐，仁者寿。

【注释】

知：良知也；至知也。

仁：心仁也，廓然大公而心存良知也。

水☵：主动也，亦静也；其动可泽润万物，亦可无坚不摧；其静可止若平镜，明察秋毫。

山☶：主静也，亦动也；其静稳如泰山，其动若地动山摇；山☶，艮也，止也；知止而后能定也。

动：去欲而存理，知止，动亦定也。

静：去欲而存理，知止，静亦定也。

乐：知者，免于难而得福，乐也；乐者，与民同乐也。

寿：仁者，以其不争而莫能与之争也，寿也；寿者，若天地长 cháng 也，天长地久也。

【正解】

夫子言：

知者若水，善利万物而不争；仁者若山，去欲存理，知止而后能定；知者若水而动，而几于道；仁者若山而静，寂然不动；

知者，若水，行若云，运而俟得天赋使命，可免于难而得福，乐也；与民同乐也；

仁者，若山，知止而后能定，定静安虑得，而寿也；若天地长 cháng 也。

【引解】

知者，良知也；至知也，去私欲而存天理，知行合一致其知也；苟周于世而利于民，则无知而无不知也，无为而无不为也，无可而无不可也；

若水，动也；其善利万物而不争，处众人之所恶；以其不争而莫能与之争，以其无私而能成其私；故而可几于道！

仁者，心仁也，廓然大公心存良知，知行合一致其知，而得仁也；

若山，静也；其亦艮☳也，山连山，山中有水，山外有山；君子以素其位而行，思不出其位也；艮，止也；时止则止，时行则行，动静不失其时，其道光明；知止，吉也！

山水相依也，动静皆可定也；变化无穷，周而复始，之谓周易；易简易能，易知易从，若正弦；静亦定，动亦定，心一而已；心即理也；循理之谓静，从欲之谓动；去私欲而存天理，则宁静而致远。

知仁相通也，知仁皆知也，至知也；身之主宰便是心，心之本体便是知；复心之本体，便寂然不动，便未发之中，便廓然大公，自感而遂通，自发而中节，自物来顺应；

此，若山亦若水也！

【现原文】

子曰："齐一变，至于鲁；鲁一变，至于道。"

【正解文】

子曰：齐一变，至于鲁；鲁一变，至于道。

【注释】

齐：齐国也。

鲁：鲁国也。

道：理也，天理也，大道也。

一：大道至简，简一也；一于理也，一于道也。

【正解】

夫子曰：齐，一于理而变，则可至于鲁，可治也；鲁，一于理而变，则可至于道，可大治也。

【引解】

此，夫子教化于人，防患于未然，为之于未有，治之于未乱也！

穷则生乱，穷乱而应思变，变则可通也，通则可久也；

此若，当是时，齐一于理而变，则可至于鲁，可治也；鲁一于理而变，则可至于道，可大治也！

然，齐鲁皆未一于理而变；遂，鲁齐相继而亡也！

【现原文】

子曰："觚不觚，觚哉！觚哉！"

【正解文】

子曰：觚，不觚；觚哉！觚哉！

【注释】

觚：容酒之器也；酒者，以祭天地也；故觚者，家国之重器也；神圣者也。

不觚：不自以为觚，不以己为觚。

【正解】

夫子曰：觚，其不自以为觚；方成其觚哉！觚哉，神圣者也！

【引解】

此，夫子教化于人，毋自以为是也！

日觉有余者，日不足也；日觉不足者，日有余也；圣者不自以为圣，而愚者常自以为圣也！

古之酒者，以其祭祀天地也；祀者，示己之心诚而于天地也；故而，觚者圣也；

觚不自以为觚，故而成其觚；其不自以为圣，故而成其圣！

【现原文】

宰予问曰："仁者，虽告之曰'井有仁焉'，其从之也？"子曰："何为其然也？君子可逝也，不可陷也；可欺也，不可罔也。"

【正解文】

宰予问曰：仁者，若告之曰"井有仁焉"，其从之乎？

子曰：何为其然哉！君子可施也，不可陷也；可欺也，不可惘也。

【注释】

宰予：夫子弟子；宰氏，名予，字子予。

井有仁焉：实为一典也；虽处战时，对方落井，亦应施仁德而救也；此乃施仁德于人也，仁于人也；故而曰"井有仁焉"；然，救对方于井，却可能反为其所害也。

可施：可施救于人也。

可欺：可能为人所欺也。

不可：不会。

惘：心迷惘也，不知也。

【正解】

宰予问曰：仁者，若告之曰"井有仁焉"，其从之乎？不从，不仁也；若从，却可能反为其所害也。

夫子曰：何必若此哉！君子，可施救于人也，然不会为人所陷也；可能为人所欺也，然不会不知也；君子至知而无知无不知也，必知陷也欺也。

【引解】

此，夫子教化于人，致知而得仁，而可不逆不臆而不为人所欺也；

不逆者，不逆诈也；不臆者，不臆伪也；逆诈者，人未诈，己先诈也；臆伪者，人不伪，疑人伪也；

不为人所欺者，不为人所陷也，不为人所欺诈也。

仁者，心仁也，廓然大公心存良知，知行合一致其知，而得仁也；大仁者，至知也；至知，则无知而无不知也，无为而无不为也，无可而无不可也；

故君子，可施救于人，然不会为人所陷也；可能为人所欺，然不会不知也！

【现原文】

子曰："君子博学于文，约之以礼，亦可以弗畔矣夫。"

【正解文】

子曰：君子博学于文，约之以礼；亦可以此弗叛矣，夫！

【注释】

博：广博也，多闻多见而勿强识也。

文：纹也，天纹地理也；文其理也。

约：简约也；束也，简也；束而可无失也，简则不失其本也。

礼：亦理也，恭而示之于人谓之礼也。

弗：不也。

叛：失其本也，违其心也，叛其宗也。

【正解】

夫子曰：君子博学于文，而应约之以礼；亦可以此弗叛矣，夫！

【引解】

此，夫子教化于人，多闻多见而勿强识也；去欲存理，博学于文而应约之以礼也；

君子，仁者，圣也，与道也；旦求日减，不求日增；减一分私欲则存一分天理；

多闻多见博学于文理以印其本心也，约之以礼以简行也；大道至简，天下

— 111 —

为公而行，大道也；

以此，则可不失其本也，不违其心也，不犯其上也，不叛其宗也；

此若夫子所言"以约；则失之者，鲜矣"！

故，亦可以此弗叛矣！

【现原文】

子见南子，子路不说。夫子矢之曰："予所否者，天厌之，天厌之！"

【正解文】

子见南子，子路不说；

夫子矢之曰：予所否者，天厌之，天厌之！

【注释】

南子：卫灵公夫人。

子路：夫子弟子；季氏，名仲由，字子路；简而近称由。

矢之：自扪其心也；矢者，心志之所向也。

否：反对，不认同。

天厌之：天亦反对也，天亦不认同也；不与道也，不合乎天理也。

【正解】

夫子见南子；子路而心中不悦；

夫子自扪其心，而曰：予所否者，亦天厌之也！天厌之者，亦予所否也！

【引解】

此，夫子教化于人：

去私欲而存天理，心之所否者亦天之所厌也，天之所厌者亦心之所否也；去欲存理，而可不器不执也！

神无方而易无体，君子不器，圣人不执；去私欲而存天理，止行承道与时也，顺天应人也！

苟周于世而利于民，不必法古循俗；故而夫子自扪其心而曰"予所否者，亦天厌之；天厌之者，亦予所否"。

【现原文】

子曰："中庸之为德也，其至矣乎！民鲜久矣。"

【正解文】

子曰：中庸之为德也，其至矣乎！然，民鲜久矣！

【注释】

中庸：中和也；中也者，大本也；和也者，达道也。

德：仁德，明德。

至矣：至善矣。

鲜 xiǎn：少，失。

【正解】

夫子曰：中庸之为德也，其"明德"之至善矣乎！然，民失之久矣！

【引解】

此，夫子教化于人：

大道之行也，天下为公；天下为公而行，大道也！

人心惟危，道心惟微；惟精惟一，允执厥中；

惟危惟微之惟者，畏也；人心畏危，需安之也；道心畏微，需著而现于世也；以是，世人方可天下为公行大道也；

惟精惟一之惟者，心中唯求也，唯求其简也约也，大道至简也，精而至一也，一于理也；去欲存理而至知，此则允执厥中也；

中者，中和也；喜怒哀乐之未发，谓之中；发而皆中节，谓之和；中也者，大本也；和也者，达道也；致中和，天地位焉，万物育焉；

中和者，道法自然，勿忘勿助也；勿忘其理，勿助其妄也；此若，勿忘去欲存理而发用施行于世，亦勿欲速而拔苗助长也。

庸者，雍也；中和存于心，雍雍穆穆也，泰也，定也；此者，中庸也！

大学之道，在明明德，在亲民，在止于至善；夫子言"明其心之明德，而亲睦乡邻，勿忘勿助，则乃止于至善矣"；此则，大学之道也，大道也；

大道至简，易知易从，道法自然，勿忘勿助；此亦，明其心之明德之至也，德之至也，止于至善也！

故而，夫子言"中庸之为德也，其至矣乎"！

然当是时，礼崩乐坏，私欲横流，道德沦丧；人心畏危而惶惶，道心微而不能著现于世；民失"明明德，亲民，止于至善"之大学之道久矣！

【现原文】

子贡曰："如有博施于民而能济众，何如？可谓仁乎？"子曰："何事于仁，必也圣乎！尧、舜其犹病诸！夫仁者，己欲立而立人，己欲达而达人。能近取譬，可谓仁之方也已。"

【正解文】

子贡曰：如有博施于民而能济众，何如？可谓仁乎？

子曰：何事与仁；必也，圣乎！尧舜其犹病诸！夫仁者，己欲立而立人，己欲达而达人；能近取，譬；可谓仁之方也；已！

【注释】

子贡：夫子弟子；端木氏，名赐，字子贡。

何事：任何事，凡事也。

何事与仁：任何事皆合乎仁；与者，止行与时之与也，合于，合乎也。

病：自病也，自以为病也，自以为不足也。

诸：此也。

譬：譬如，若此。

方：有方也，有方而可事也。

已：止也，至也；止于至善也。

【正解】

子贡曰：

如有博施于民而能济众者，何如？其，可谓仁乎？

夫子曰：

凡事与仁；必也，圣乎！于此，尧舜其犹自以为不足也！

夫仁者，己欲立而立人，己欲达而达人；能近取，若此；则可谓仁之方也。

此者，止于至善矣！

【引解】

圣者，必仁也；至仁则圣也！

病者，自病也，自不足也，自以为病也，自以为不足也；

自病者，无病也；自无病者，病也。自不足者，渐有余也；自有余者，已不足也；

此，方与圆也；圆者，合而顺也；方者，错以事也；方圆而通达也！

夫仁者，己欲立而立人，己欲达而达人；利人者，公而无私也；达人者，亦公而无私也；

此，夫子教化于人，以其无私故能成其私，以其不争而莫能与之争也；

大道，至简；近存于日用常行也；志存高远而脚踏实地，如能近取若此，则可谓仁之方也！

儒，人之需也；佛，人不妄为也；道，人之行也；儒佛道，一也！

此，止于至善矣！

题　结

雍者，雍雍穆穆也，泰也，寂然不动也；夫子教人致知也，知行合一致其知，致良知也！

身之主宰便是心，心之本体便是知，心之所发便是意，意之所在便是物，此心在物则为理；

　　复心之本体，便寂然不动，便未发之中，便廓然大公；自感而遂通，自发而中节，自物来顺应；

　　以是，雍者，定也！定·静·安·虑·得也；知止而后能定，定而后能静，静而后能安，安而后能虑，虑而后能得也；

　　故而，人，心定，而可胜；此，天道也！

述而·第七·静也

题解

　　述者，述其理而行与道也；与者，合也；其理一也；去私欲而存天理，无妄无增也；定而后能静也；

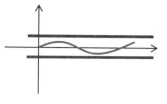

　　变化无穷，周而复始，之谓周易；易简易能，易知易从，若正弦；静亦定，动亦定，心一而已；心即理也；循理之谓静，从欲之谓动；去私欲而存天理，则宁静而致远。

● ○ ●

【现原文】

子曰："述而不作，信而好古，窃比于我老彭。"

【正解文】

子曰：述，而不作；信，而好古；窃；比于我老彭。

【注释】

述：述其理而行与道也。

作：造作，矫揉造作也；舍简就繁，舍一而增也。

信：人行其言也；其行及其言也。

古：人心不古之古也，古朴也；朴者，道也；理之源也，善之生也；亦德也。

窃：默学于心而行于世却不彰扬也。

比：近也，邻也；相其学而行，则可近也。

老：老子；圣者也。

彭：彭祖；贤者也。

【正解】

夫子言：述，而不作；信，而好德；默行不彰；则可渐近于吾之圣贤，老子与彭祖也。

【引解】

此，夫子教化于人：

述其理而行与道，行及其言而好德；不矫揉造作，不标新立异，不沽名钓誉；去欲存理，知行合一，默行不彰；则可渐近于圣贤哉。

夫子，圣人哉！其不自以为圣而成其圣也！

【现原文】

子曰："默而识之，学而不厌，诲人不倦，何有于我哉？"

【正解文】

子曰：默而志之，学而不厌，诲人不倦；何有于我哉！

【注释】

默：默行也。

志：立志也，立去私欲而存天理之志也。

学：学知也，学知利行也。

厌：学知利行而不生厌也。

诲：言而明也，以去人心之晦也；去人心所遮蔽之私欲也；人心因受私欲遮蔽而晦也。

倦：诲人，使人去晦而明而得教化，不觉倦也。

【正解】

夫子言：以志默行，学而不厌，诲人不倦；何需"意·必·固·我"哉！

【引解】

未济☲☵志行终既济☵☲；既济思患恒既济；去欲存理，知行合一致其知；无将迎，无意必固我；渐行渐长 zhǎng，生生不息；何厌何倦也！

【现原文】

子曰："德之不修，学之不讲，闻义不能徙，不善不能改，是吾忧也。"

【正解文】

子曰：斯世，德之不修，学之不讲；闻义不能徙，不善不能改；是，吾忧也。

【注释】

斯世：当下也。

德：仁德也；知行合一致其知，正心修身而可德也。

修：去欲存理，而修己也。

学：道德之学，大道之学，大人之学，大学也。

讲：持德而弘，信道而笃，教化于人也。

闻：听闻。

义：仁义也；仁义礼知信皆义也。

徙：从之，闻其善者而从之也。

不善：恶 è 也；己有不善者也。

是：如是也。

【正解】

夫子曰：

当下之世人，德之不修，学之不讲；闻义而不能从，其不善而不能改；如是者，乃吾所忧也！

【引解】

时值春秋乱世，礼崩乐坏；

"德之不修，学之不讲；闻义不能徙，不善不能改"者，斯世之人已失"格物致知"也；

格物者，格心也，格其心之不正以归于正，去其私欲也；

致知者，致良知也，知行合一致良知，存天理也；

故而，斯世之人已弗能"去私欲而存天理"也；如是者，乃夫子所忧也！

【现原文】

子之燕居，申申如也，夭夭如也。

【正解文】

子之宴居，申申如也，夭 yáo 夭如也。

【注释】

宴：宴然，心安理得而宴然也。

申申：舒畅也。

夭夭：愉悦也。

【正解】

夫子，宴然而居；申申如也，夭 yáo 夭如也；其身舒畅也，其心愉悦也。

【引解】

夫子，去私欲而存天理，知行合一致其知；收德于心施于行，君子向晦入宴息；

宴者，心安理得而宴然也；宴居者，宴然而居也，日用常行皆宴然也；

故而，夫子申申如也，夭夭如也。

【现原文】

子曰："甚矣吾衰也！久矣吾不复梦见周公。"

【正解文】

子曰：甚矣，吾衰也！久矣，吾不复梦见周公！

【注释】

甚：快也。

衰：退也。

复：又也，再也。

周公：姬氏，名旦；周之文王之子，武王之弟；辅相成王而安天下，大公者也，圣者也。

梦：去欲存理，其心正也公也中也；其心与周公同也，应也。

【正解】

夫子曰：吾之学退之甚矣！吾不复梦见周公，久矣！

【引解】

此，夫子叹其学衰退之甚也；学者，去欲存理之大学之学也；

"吾不复梦见周公，久矣"者，夫子言其"心之私欲长 zhǎng 也，所存于心之公理衰也"；

此乃夫子自警自勉，日用常行致其知，去欲存理，学知利行也！

夫子，圣者；生知安行，犹以己之不足，而学也；而况，吾辈乎！

━━━【现原文】━━━━━━━━━━━━━━━━━━━━━━━━━

子曰："志于道，据于德，依于仁，游于艺。"

【正解文】

子曰：志与道，居与德，行与仁，游与义。

【注释】

志：心志，立志，志向。

与：合乎，止行与时之与也。

道：理也，天纹地理也，天理也。

居：居处 chǔ 也，所居所处 chǔ 也。

行：心之一念发动即为行也；心动身动皆行也。

仁：心仁也，廓然大公心存良知，知行合一致其知，即为仁也。

游：人立于世而谋生也。

义：宜也，宜于天纹地理人心也。

【正解】

夫子言：心志合乎道，居处 chǔ 合乎德；其行合乎仁，其游合乎义；则可恒立于世也。

【引解】

义者，宜也，宜于天纹地理人心也，仁义礼信皆义也；道也；理也；

裁承天地之道，辅相天地之宜；顺承天地之纹理，则宜也；天地之宜，即义；义之宜显者，乃艺也；故而，艺者必合乎理而悦人心！

此，夫子教化于人，合乎道德仁义，乃立世之本也！

【现原文】

子曰："自行束脩以上，吾未尝无诲焉。"

【正解文】

子曰：自行束修以尚，吾未尝无悔焉！

【注释】

自：自从。

行：行礼也。

束修：束装修发立冠。

尚：自此以来也。

未尝无：从来没有不。

悔：悔悟，自省xǐng；反躬自省也。

【正解】

夫子曰：自从行束修之礼以来，吾从来没有不反躬自省之时焉！

【引解】

悔者，省xǐng也，反躬自省也，方可无晦也，明也！

日觉不足而日有余，日觉有余而日不足；

此若夫子言"吾日三省吾身，与人谋而不忠乎？与朋友交而不信乎？传不习乎？"

夫子，常自省其不足，而日新，又日新，日日新；以而，圣哉！

【现原文】

子曰："不愤不启，不悱不发，举一隅，不以三隅反，则不复也。"

【正解文】

子曰：

不愤不以启，不悱不以发；举一隅，不以三隅反，则不以复也。

【注释】

愤：由心也，心愤也；其心欲通而不能，则愤也。

以：君子以自强不息之以也，应也。

启：开也，启则开也。

悱 fěi：亦由心也，心非也；其心欲明而不能，则悱也。

发：明也，发则明也。

隅：局部，部分，非全也。

反：类以推也。

不复：不再加，不再增也；复者，又也，再也。

【正解】

夫子言：

心不愤，不应启也；心不悱 fěi，不应发也；启，则可开而通也；发，则可无晦而明也；

举一隅，而不能以三隅反者，则不应复增而强教也。

【引解】

启发者，启而可通，发而能明也！

其心欲通而不能，愈不能而欲使之通；此则，愤也，心愤也；

其心欲明而不能，愈不能而欲使之明；此则，悱也，心悱也；

是时而启，则启而可通；是时而发，则发而能明！

举一隅而不能以三隅类以推之者，则不应复增而强教之也；教者，教化也，教化于人，能举一而可反三，以部而可知全，以一而能知多也；

此，教之本也！

━━━ 【现原文】 ━━━━━━━━━━━━━━━━━━━━━━

子食于有丧者之侧，未尝饱也。

━━━ 【现原文】 ━━━━━━━━━━━━━━━━━━━━━━

子于是日哭，则不歌。

【正解文】此两节宜合并，如下：

子，食于，有丧者之侧，未尝饱也；子，于是日，哭，则不歌。

【注释】

未尝饱：人有丧己亦哀，食而未尝饱也。

是日：那一日。

哭：于丧礼，心有恻隐，哀而哭也。

不歌：心有恻隐，哀而不欲歌也。

【正解】

夫子，食于，有丧者之侧，人有丧己亦哀，食而未尝饱也；

夫子，于是日，哀于丧礼而哭，则不再歌也。

━━━ 121 ━━━

【引解】

人有丧己亦哀，悯人而哀，食于有丧者之侧，岂能饱哉！

哀于丧礼而哭，亦悯人而哀，于是日，岂可歌哉！

此，夫子教化于人，心中有仁，恻隐也；致知而知也，致良知而可知也，可知止行也！

【现原文】

子谓颜渊曰："用之则行，舍之则藏，惟我与尔有是夫。"

子路曰："子行三军，则谁与？"

子曰："暴虎冯河，死而无悔者，吾不与也。必也临事而惧，好谋而成者也。"

【现原文】

子曰："富而可求也，虽执鞭之士，吾亦为之，如不可求，从吾所好。"

【现原文】

子之所慎：齐，战，疾。

【现原文】

子在齐闻《韶》，三月不知肉味。曰："不图为乐之至于斯也。"

【现原文】

冉有曰："夫子为卫君乎？"子贡曰："诺，吾将问之。"

入，曰："伯夷、叔齐，何人也？"曰："古之贤人也。"曰："怨乎？"曰："求仁而得仁，又何怨？"

出，曰："夫子不为也。"

【现原文】

子曰："饭疏食饮水，曲肱而枕之，乐亦在其中矣。不义而富且贵，于我如浮云。"

【正解文】以上六节宜调序重组，逐项正解如下：

子谓颜渊曰：用之则行，舍之则藏；唯我与尔，如是夫！

子路侍于旁，而问曰：子行三军，则谁与？

子曰：虣虎溯河，死而无悔者，吾不与也！吾所与者，其必也，临事而惧，好谋而成者也。

君子之所慎，可齐，能战，无疾！

【注释】

用：发用也。

之：心也，知也，良知也。

舍 shè：可宿之舍也。

藏：休也，自修也，修心也。

唯：唯有。

如是：如此。

侍：陪同，随同。

行：率，领，治。

与：与共也，共处也；赞许也。

虣 bào 虎：徒手博虎也。

溯 píng 河：无舟而渡也。

悔：悔悟，自省 xǐng；反躬自省也。

心惧：心中常怀戒惧，防患于未然，未雨绸缪也。

谋：虑长远谋大略也。

成：成事也。

慎：心中常怀戒惧，慎其独也。

齐：治也。

战：成事也。

疾：疾速也；欲速也。

【正解】

夫子谓颜渊曰：用之则行，舍之则藏；唯我与尔，如是夫！

子路侍于旁，而问曰：夫子若率三军，则愿与谁共？

夫子曰：虣 bào 虎，溯 píng 河，死而不知悔悟者，吾不与也！吾所与者，其必也，遇事而心怀戒惧，未雨绸缪，好 hào 谋而成事者也。

君子之所慎其独者，可齐家也，能成事也，无欲速也！

【引解】

"用之则行，舍之则藏"者，"朝，闻道而作；夕，日没而息"也，"君子以向晦入宴息"也；

明时，阳明先生《啾啾吟》亦言"用之则行舍即休，此身浩荡浮虚舟"！

夫子所与者，遇事而心怀戒惧，为之于未有，治之于未乱，好 hào 谋而成事者也；

心怀戒惧者，慎独也；戒慎乎，其所不睹；恐惧乎，其所不闻；莫显乎隐，莫现乎微；君子以慎其独也；以者，应也；

君子之所慎其独者，可正心修身齐家也，能善为成事也，无欲速而可通达也！

【正解文】承上

子在齐，闻《韶》，三月不知肉味；而曰：不图，为乐之至于斯也。

【注释】

齐：齐国也。

《韶》sháo：舜时所作，《韶》之舞乐也。

不图：不想，没想到。

为乐 yuè：为礼作乐而施教化也。

之至于斯：竟有如此效用也。

【正解】

夫子在齐，闻《韶》为乐 yuè，三月不知肉味；而曰：不想，为礼作乐 yuè 而施教化，竟有如此效用也！

【引解】

《韶》者，德泽而润万物，服其心也；

"三月不知肉味"者，为乐 yuè 之乐 lè，正心修身，去欲存理而心无旁骛也；

美味之悦口舌，不若义理之悦人心也！

【正解文】承上

冉有曰：夫子为卫君乎？

子贡曰：非；吾将问之。

遂，子贡入，曰：伯夷、叔齐，何人也？

子曰：古之贤人也。

子贡曰：其怨乎？

子曰：求仁而得仁，有何怨？

子贡出，曰：夫子不为也。

【注释】

为：欲为也，欲做也。

非：不也。

伯夷、叔齐：商末，孤竹国，孤竹君之大王子、三王子。

怨：悔恨也，后悔也。

不为：不欲为也，不欲做也。

【正解】

冉有问曰：夫子欲为卫君乎？

子贡曰：非也；然，吾将问之。

遂，子贡入而问于夫子曰：伯夷、叔齐，何人也？

夫子曰：古之贤人也。

子贡曰：其可为君而不为，其怨乎？

夫子曰：贤者不欲为君；其求仁而得仁，有何怨？

子贡出而告冉有曰：夫子不欲为也！

【引解】

伯夷叔齐，贤者，求仁避世，而不欲为君也！

"伯夷、叔齐"者，商末，孤竹国，孤竹君之大王子、三王子，均可继位者也；伯夷，长 zhǎng 者，可继位，祖制也；叔齐，可继位，君父喜之也。

虽可继位，然叔齐不为；其念有违祖制，忧祸及家国臣民，避而离国也。虽可继位，然伯夷亦不为；其念有违君父所愿，亦忧祸及家国臣民，避而离国也。

伯夷叔齐，可为君而不为，其所求者，仁也；其贤者也；求仁而得仁也！

夫子，圣者，求仁济世，而不欲为君也！

夫子适卫，欲辅相国君而济世安民；然，卫君灵公无道，南子理政；南子久慕夫子，欲见，而召；夫子奉召而见，言礼乐，谈国政；南子甚喜。

遂，夫子携弟子，为礼作乐 yuè，行教化于卫；及至，灵公没，辄为君；夫子欲为辄正名，以济世安民，安万民于将乱，救苍生于水火。

然，有弟子妄臆夫子"欲为卫君"，而有惑；故有"冉有、子贡、夫子，如是之言"。夫子，言伯夷叔齐"贤者不欲为君，其求仁而得仁，有何怨"？

遂，弟子之惑释也，夫子"无欲纯理"之心亦明于天下也！

夫子正名，辅相国君而济世安民也！

"夫子正名"者，顺天理应人心而正伦常，正心稳心而安天下也。世人皆言"孔子正名，乃废辄立郢，而正告天下"；然，于理，非也！

诚如，阳明先生《传习录》言：

恐难如此；岂有一人致敬尽礼，待我而为政，我却先去废他，岂人情天理？

孔子既肯与辄为政，必已是辄能倾心委国而听；圣人盛德至诚，必已感化卫辄，使其知无父之不可以为人。辄必将痛哭奔走，往迎其父；父子孝慈之爱本于天性，辄能悔痛真切如此，其父蒯岂不感动底里？

蒯既还，辄乃致国请戮；蒯已见感化于辄，又有夫子至诚调和其间，当亦决不肯受，仍以命辄。

群臣百姓又必欲得辄为君；辄乃自暴其罪，请命于天子，广告于方伯诸侯，而必欲致国于父。蒯与群臣百姓，亦皆表辄悔悟仁孝之美；请命于天子，广告于方伯诸侯，必欲得辄为君。

于是，集命于辄，使之复君卫国。辄不得已，乃如后世上皇故事，率群臣百姓尊蒯为太公，备物致养；而已，始退而复其君位焉！

则君君、臣臣、父父、子子，名正言顺，一举而可为政于天下矣！孔子正名，或是如此。

夫子，圣者也；圣者不欲为君，辅相国君而济世安民也！

【正解文】承上

子曰：

富，而可求也；虽执鞭之士，吾亦为之。

如不可求，则从吾所好"饭，疏食饮水；眠，曲肱而枕之"。乐，亦在其中矣！

不义而富且贵；于我，如浮云！

【注释】

富，而可求也：可求之富也。

如不可求：若不可求之福也。

乐，亦在其中矣：合乎理于心安而心中悦也。

从吾所好 hào：所好 hào 者"饭，疏食饮水；眠，曲肱而枕之"，合乎理也，于心安也；乐 lè，在其中矣。

不义：行不义也。

于我，如浮云：行不义而富且贵者，吾不为也。

【正解】

夫子曰：

可求之富，虽为执鞭之士，吾亦为之。

若不可求之富，则从吾所好 hào"吃饭，疏食饮水；睡眠，曲肱而枕之"。乐，亦在其中矣！

行不义而富且贵者，吾不为也！

【引解】

可求之富，虽执鞭之士，亦可为之；不义之富勿为也，终有凶也！

此，夫子教化于人，去欲存理，生财有大道！行大道，必富贵也！

【现原文】

子曰："加我数年，五十以学易，可以无大过矣。"

【正解文】

子曰：加我数年，五十以学《易》；可，以无大过矣！

【注释】

《易》：《周易》，《诗》《书》《礼》《易》《春秋》《乐》，六经之一。

【正解】

夫子言：若加我数年之寿，即便五十以学《易》；亦可，以此无大过矣！

【引解】

《易》者，变化无穷，周而复始，之谓周易；

易简易能，易知易从，若正弦；《易》本易读，然后人有私，器局有小，妄意断句，便使人糊涂！

《易》中六卦：前两卦：

乾䷀，天外有天，人应自强不息；

坤䷁，地下有地，人厚德方可载物！

中两卦：

鼎䷱，木上有火，人德应配位，吉；否则，德

不配位，则"鼎折足，覆公餗，其形渥"，凶，于德薄占位者有灾，于团队集体则不利，终难以收拾；

暌䷥，日照河泽，人在做天地看，"小事吉"小心慎独行事则始终吉！

后两卦：

未济䷿（未成功），水在火下，未济志行终既济；

既济䷾（已成功），水在火上，既济思患恒既济！

其中，《易》之乾䷀"元亨利贞"者，若下：

元：善之长 zhǎng，善之生发而长 zhǎng，善源于心而生发而长 zhǎng，即元；

亨：礼之合，嘉之会，而亨通；

利：义之和，而利生物足；

贞：事之干，事之根本。

此，乾卦"元·亨·利·贞"，故：

己心善而善人而善万物，则人亦渐善万物亦渐善，此可谓元；

人与天地人共，合礼，合乎与天地人相处之伦常，则嘉会自然足而通达，此可谓亨；

人立于世，宜于天纹地理人心，即为义；人合义，而利物足，此可谓利；

人收德于心施于行，处事不图枝叶表象，能透过表象知本质，可得根本，此可谓贞。

人，以此而自强不息行于世，必若乾䷀元·亨·利·贞！

《易》乃哲学社会科学！

至于，有人言"易用于占卜，乃星象之说"者：此乃，后人之说，再后人从之！

卜，毋占也，应行也；卜者，人立于天地之间 有其心也；

夫子《论语·子路》言《易》之恒卦，有言"不恒其德，或承之羞；不占而知矣"！故，卜，无需占；人恒其德，自强不息自然厚德载物。

星象者，宇宙万物也；地球者，现所谓人类家园；于星象中若尘埃，有若无！星象者，大者星空宇宙，小者原子，中者所感所见，人体、花花草草、虫鱼鸟兽，皆星象；

《周易》乃日用常行、天地万物，自可谓星象之说；实乃哲学社会科学也！

或问"占卜及星象与人事相应，何解？"

人在自然中，人亦自然之一分子；

人立于天地之间有其心，恒其德发用施行于世，此即为卜；故而，人立于世，其行合乎天纹地理人心者，方可谓之卜；

若正弦，合乎"y=sinx"之理，x虽未发，然可知y；

故，卜无需占，仅需行，止行与时，则可知！此者，卜，顺乎天而应乎人，自与天人应！

天，即星象；人，即人事；而人事亦星象；

"人事亦星象"者，正若《论语·为政》言"为政以德，譬若北辰，众星共之"。

故而，《易》者，转圜也，方圆也！

圆者，合而顺也；方者，错以事也。

乃风险预控，为之于未有，治之于未乱，化险而为夷，逢凶可化吉也！

人毋执，致中和而中庸，则儒、释、道一也！

儒者，人之需也，人之合乎理之需也；佛者，人之弗也（弗，乃不也），人不妄为也；道者，人之行也（首，人之首也，亦人也；辶，走也，行也）；

此，皆《易》也！

【现原文】

子所雅言：诗、书、执礼，皆雅言也。

【正解文】

子所雅言，《诗》《书》，知礼，皆雅言也！

【注释】

雅言：合乎理悦乎心之言也。

《诗》：《诗经》，《诗》《书》《礼》《易》《春秋》《乐》，六经之一。

《书》：《尚书》，《诗》《书》《礼》《易》《春秋》《乐》，六经之一。

知礼：于礼，知也；礼者，理也。

【正解】

夫子之所谓雅言者，《诗》《书》等，知于礼者，皆雅言也！

【引解】

此，夫子教化于人，知书达礼也，知诗书而达礼义也；礼者，理也。

【现原文】

叶公问孔子于子路，子路不对。子曰："汝奚不曰：其为人也，发愤忘食，乐以忘忧，不知老之将至云尔。"

【正解文】

叶公问道于夫子；遇子路，子路不悦；

而后，子问曰：汝奚不悦？其为人也，发愤忘食，乐而忘忧，不智。观其，老子之道将至矣。

【注释】

叶 yè 公："叶 yè 公好龙"之叶 yè 公也；楚之大夫，沈氏，名诸梁，字子高；时任楚国叶 yè 县令尹，故称叶公。

闻道：亦问学也。

发愤忘食：为造福于民，发愤治水，而忘食也。

乐 yuè 而忘忧：为礼作乐，施教化于民，而忘其忧也；忧者，人言"叶公，好龙，实惧龙；虚伪者也"之忧也。

不智：不私自用智也，不耍小智也。

观其：观叶公也；察叶公之所为也。

老子：李氏，名耳，子伯阳；春秋末，于周都洛邑，曾任周守藏史和柱下史；曾于黄河、洛水之畔言道与孔子。

老子之道：为无为之道；为之于未有，治之于未乱之道；亦天地万物伦常之道也；于理，一也。

【正解】

叶 yè 公问道于夫子；遇子路，子路心有不悦；

而后，夫子问子路，曰：汝，何不悦？叶公，其为人也，为治水利民，发愤忘食，乐 yuè 而忘忧，不私自用智。观叶公，老子之圣人之道将至矣！

子路，闻而释然。

【引解】

此，夫子教化于人：

应去欲存理，廓然大公也；大道之行也，天下为公；勿为一己之私，而妄猜臆断也！

叶 yè 公者，"叶 yè 公好 hào 龙"之叶 yè 公也；

其所好 hào 者，非龙也，乃治水以利民也，其所画皆水利也；其所惧者，亦非龙也，乃洪水虐民也；其所成者，乃东西二坡也，治水以利民，水利也。

其"好龙而惧龙"之语，乃当是之人及后人，器局小者，心有私欲而毁之也；毁者，诋毁也，贬低也；

当是时，子路亦惑于"叶公好龙"之言，遇夫子见叶公，而心中不悦也；若不悦于"夫子见南子"也！

叶公，一县之令尹，去欲存理，廓然大公；为治水利民，发愤忘食，乐 yuè 而忘忧；不私自用智；其，贤者也；夫子见叶公，互慕贤圣而论道，论而相长 zhǎng 也；

故而，夫子言"观叶公，老子之圣人之道将至矣"！

子路，闻而释然。

【现原文】

子曰："我非生而知之者，好古，敏以求之者也。"

【正解文】

子曰：我，非生而知之者；好古，敏以求之者也。

【注释】

非：并非；不是。

生而知之者：生知安行事者，圣者也。

古：人心不古之古也，古朴也；朴者，道也；理之源也，善之生也；亦德也。

好 hào 古：信而好古也；信而好德也。

敏：讷于言而敏于行也。

求之：求理也，求道也，求知也。

【正解】

夫子曰：我，并非生而知之者；只是，信而好 hào 古，敏于行以求之者也。

【引解】

夫子，其不自以为圣，而成其圣也；

夫子生知而不自以为是也，其犹学也，且敏求也；敏者，感知隐微也，知几也，几而有感而动也。

此，亦夫子教化于人，行其言而好 hào 德，讷于言敏于行以求大道，则可至知也，亦可为圣也！

【现原文】

子不语怪、力、乱、神。

【正解文】

子，不语"怪、力、乱、神"。

【注释】

不语：不言。

【正解】

夫子，不言"怪异、暴力、动乱、神秘"之事，亦无"怪、力、乱、神"之言。

【引解】

此，夫子教化于人，君子不言"怪异、暴力、动乱、神秘"之事，亦无"怪、力、乱、神"之言。

【现原文】

子曰："三人行，必有我师焉。择其善者而从之，其不善者而改之。"

【正解文】

子曰：三人行，必有我师焉；择其善者而从之，其不善者而改之。

【注释】

三人：三人为众也，众人也，百姓也。

行：知行也，行知也，一也。

必有我师：必有我所师从者。

【正解】

夫子曰：百姓之所知行者，必有我所师从者焉；择其善者而从之，其不善者内自省而改之。

【引解】

圣人无常心，以百姓心为心；圣人无常师，百姓皆可为师焉！

"择其善者而师从之，见其不善者内自省而改之"者，夫子教化于人，从人之善而改己之不善也；

此，亦夫子所言"见贤而思齐焉，见不贤而内自省焉"！

【现原文】

子曰："天生德于予，桓魋其如予何？"

【正解文】

子曰：天生德于予！桓魋，其如予何？

【注释】

天生德：天有好 hào 生之德也；天赋使命于有德者，有德而可生也。

予：我们，吾等。

桓魋：宋国司马；曾欲加害于夫子及其弟子也。

如予何：如吾等何？乃吾等何？

【正解】

夫子曰：天赋使命于有德者，有德而可生也！桓魋者，其乃吾等何？

【引解】

天有好 hào 生之德者，天赋使命于有德者，有德而可生也，而可长生也！

【现原文】

子曰："二三子以我为隐乎？吾无隐乎尔，吾无行而不与二三子者，是丘也。"

【正解文】

子曰：二三子，以我为隐乎？吾非隐乎尔！吾无行而不与二三子者；是，丘也！

【注释】

二三子：个别学生；尔等。

以：以为，认为。

隐：隐者；隐居；隐瞒。

尔：此处宜解为语气词。

是：如是也。

与：同也，共也，处也。

丘：夫子也，孔氏，名丘，字仲尼；夫子自称其名，谦也。

【正解】

夫子曰：二三子，以为我为隐者乎？吾非避世而隐乎林者尔！吾无行而不与尔等；如是者，丘也！

【引解】

大隐隐于世，小隐隐于林；

大隐者，去私欲而存天理，天下为公行大道，发用施行于世也；小隐者，心有私欲，求而不得，而避世也；

隐于世者，施行于世，见声色货利而不贪，有功而弗居也；隐于林者，贪声色货利而不得，欲居功而不成，厌世而入林也。

夫子者，大隐，隐于世也！

【现原文】

子以四教：文、行、忠、信。

【正解文】

子，以"文、行、忠、信"四者，教。

【注释】

文：文德也，德也。

行：施行也，行其德也。

忠：心中也，与人以忠也。

信：言而有信也，行其言也，行及其言也；及者，可及也。

教：教化也。

【正解】

夫子，以其"文、行、忠、信"四者，教化于人。

【引解】

文者，德也；行者，施其德也；

忠者，心中也，心之所发者中也；心之所发便是意，其意中则义也；

信者，行其言也，言行一也，其行可及其言也；

文、行、忠、信、于其心，皆知也，良知也；

于夫子，皆以身而教也，言传而身教也！君子，收德于心，施于行，向晦入宴息也。

【现原文】

子曰："圣人，吾不得而见之矣，得见君子者，斯可矣。"子曰："善人，吾不得而见之矣，得见有恒者，斯可矣。亡而为有，虚而为盈，约而为泰，难乎有恒矣。"

【正解文】

子曰：

圣人，吾不得，而见之矣；得，见君子者，斯可矣；

善人，吾不得，而见之矣；得，见有恒者，斯可矣！

亡而为有，虚而为盈，约而为泰。难乎，有恒矣！

【注释】

圣人，吾不得，而见 xiàn 之矣：吾不欲为圣人，而刻意展现也。

得，见 xiàn 君子者，斯可矣：得理于心，而现君子之为者，便可矣。

【正解】

夫子曰：

吾不欲为圣人，而刻意展现也；得理于心，而现君子之为者，便可矣；

吾不欲为善人，而刻意展现也；得理于心，而现善行且持之以恒，便可矣；

无而为有，虚而为盈，约而为泰。难乎，持之以恒也！

【引解】

有恒者，持之以恒也；恒者，恒于理也，恒理也；恒理者，常理也，常名也，常道也；

名，可名，非常名；道，可道，非常道；可名之名，非常名；可道之道，非常道；欲为圣人且刻现之，非圣也；欲为善人且刻现之，非善也；

去私欲而存天理，不自以为圣方可成其圣，不自以为善方可成其善；以其无私故能成其私，以其不争而莫能与之争；

无私而方可有，虚心而方可盈；日不足者日有余，日有余者日不足；大道至简，博学于文而约之以礼，约简而方可泰也！

此，皆去私欲而存天理也，皆顺乎天而应乎人也，皆至易至简，易知易行也，一也！然，难乎有恒矣，难于持之以恒也。

故而，夫子教化于人，去欲存理，而致知，且有恒，则可有也，则可盈也，则可泰也！

由此而观之，夫子亦道也，老子亦儒也，儒道一也。

【现原文】

子钓而不纲，弋不射宿。

【正解文】

子，钓而不纲，弋不射宿。

【注释】

钓：钓鱼。

纲 wǎng：纲 wǎng 鱼。

弋：箭也。

宿：宿中幼物，幼禽，幼兽。

【正解】

夫子，钓而不纲 wǎng，弋不射宿。

【引解】

"钓而不纲"者，鱼宜钓不宜纲也；"弋不射宿"者，幼兽幼禽不宜射也；

此，夫子教化于人，不竭泽而渔，不觉兽禽之后；虫鱼鸟兽、林木花草，则可生生不息也；则可生意无穷也；顺乎天而应乎人也；

故而，人生于自然，发用于自然，亦自然；顺乎天理，方可应乎人；

此者，亦"人法地，地法天，天法道，道法自然"也！

【现原文】

子曰："盖有不知而作之者，我无是也。多闻，择其善者而从之，多见而识之，知之次也。"

【正解文】

子曰：

盖，有不知而作之者，我无是也！多闻，择其善者而从之。

多见而识之，知之次也。

【注释】

盖：大概，或许。

知：良知也，致知也；去私欲而存天理，致良知也。

作：造作，矫揉造作。

不知而作：不知而妄作也；不致知，而妄猜臆断，矫揉造作也。

无是：非如是。

识 zhì：强识也，强记也。

次：次等也，下也。

知之次也：次于知也，知之下也；非知也。

【正解】

夫子曰：

盖，有不知而作之者；然，我非如是也！吾，多闻，择其善者而从之。

多见而识 zhì 之者，乃知之次也。

【引解】

多闻者，多闻于百姓、千事、万物也；

"吾，多闻，择其善者而从之"者，夫子择其善者而师之也；夫子无常师，百姓、千事、万物之善者皆可师也；

人、事、物，皆有长 cháng 短；百姓、千事、万物之善者，乃人人之长 cháng 也，千事、万物之长 cháng 也；

夫子有言"见贤而思齐焉，见不贤而内自省焉；三人行，必有我师焉"；择万物之长 cháng 而师之，见其短内自省而改之，岂非圣人哉？

但，多见而识 zhì 之，乃知之次也，知之下也；非致知也，非知也。

此，夫子教化于人，去欲存理致其知，勿强识 zhì 也；多闻择善而师之，切勿刻意多见而识 zhì 之！

【现原文】

互乡难与言，童子见，门人惑。子曰："与其进也，不与其退也，唯何甚？人洁己以进，与其洁也，不保其往也。"

【正解文】

人之互相难与焉；童子，见；门人惑。

子曰：与，其进也；不与，其退也；唯何甚？与，其洁也；人，洁己，以进；不保，其往也。

【注释】

与：止行与时之与也，合也，符也，与道也，与天理也；相处也。

见 xiàn：呈现也；呈现天理也。

惑：有惑也。

进：进而无私而大也。

退：退而有私而小也。

洁：洁其身也；去私欲也；无私欲也。

保：如保赤子之保也，保其赤子之心也，保其无私之心也。

往：退也。

【正解】

人之互相难与焉；然，童子易与，且见 xiàn 天理；门人，于此，而惑；

遂，问夫子；夫子曰：

与道，则其进也；不与道，则其退也；唯何甚哉?

唯道也，唯天理也；唯一也；简哉，易哉，易知易行哉；去欲也，洁己也，保其赤子之心，而恒其行也!

故，与道，其洁也；人，洁己，以进；不保其心，则其往也。

【引解】

如保赤子者，如保赤子之心也；赤子之心，洁也；

洁者，洁其心也；不保者，不保其赤子之心也，不洁也；洁己者，洁己之心也；

故而，"人，洁己，以进"，以进其身修也，家齐也；与道，则恒进也；不保，则往也!

【现原文】

子曰："仁远乎哉? 我欲仁，斯仁至矣。"

【正解文】

子曰：仁，远乎哉? 我欲仁，斯仁至矣!

【注释】

斯：则也。

【正解】

夫子曰：仁，远乎哉? 我欲仁，则仁至矣!

【引解】

心诚求之，不中，亦不远矣!

身之主宰便是心，心之本体便是知，心之所发便是意，意之所在便是物，此心在物则为理；心即理也；

若正弦，其理，$y=\sin x$；

$y=\sin x$，亦正弦之心也；

故，夫子言"我欲仁，则仁至矣!"，只在一诚字：

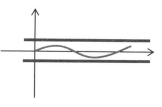

善能诚好 hào，无念不善也；恶 è 能诚恶 wù，无念及恶 è 也!

以是，仁，不远矣；诚欲仁，则仁必至也!

【现原文】

陈司败问："昭公知礼乎?"孔子曰："知礼。"孔子退，揖巫马期而进之，曰："吾闻君子不党，君子亦党乎? 君取于吴为同姓，谓之吴孟子。君而知礼，孰不知礼?"巫马期以告。子曰："丘也幸。苟有过，人必知之。"

【正解文】

陈；司寇问：昭公知礼乎?

子曰：知礼。

子退，揖；

巫子期而进之，曰：知礼。

司寇曰：吾闻君子不党；君子亦党乎? 君取于吴，为同姓；然，避而谓之吴孟子! 君而知礼，孰不知礼?

巫子期，以告；

子曰：丘也，幸! 苟有过，人必知之。

【注释】

陈：于陈，于陈国。

司寇：时任陈国司寇之人。

昭公：时，鲁之已故国君。

巫子期：夫子弟子，其戴星而治单县，单大治；巫氏，名马，字子期。

党：媚权也；攀附也。

取于吴：鲁君娶妻于吴国（公主）也。

为同姓：同为周天子后人，同为姬姓也。

丘：孔氏，名丘，字仲尼；夫子自称其名，谦也! 若直称人之名，则不敬也。

苟：若也，如也。

过：过犹不及之过也，过错也，过则错也。

知之：使之知也；告知也。

【正解】

于陈；司寇问：鲁君昭公知礼乎?

夫子曰：知礼。

遂，夫子作揖行礼而退；

巫子期而进之，曰：昭公知礼。

司寇曰：吾闻君子不党；君子亦党乎? 鲁君取于吴，为同姓，姬也；然，避而谓之吴孟子! 鲁君而知礼，孰不知礼? 孔丘君子，孰不君子?

巫子期，还，以之而告夫子；

夫子曰：丘也，幸! 苟有过，人必告之。

【引解】

"子退，揖"者，夫子，君子哉!

陈之司寇，小人哉! 欲侮鲁之已故昭公，以辱夫子；然，夫子作揖行礼而退，敬而远之也；

小人看圣人，圣人亦小人；圣人看小人，小人亦是人。

夫子，圣人哉！其携弟子，欲辅相国君而济世安民也；其纵周游列国，亦不辱已故先君也；

此，亦夫子之经史也；经者，亦史也；史者，亦经也；就其事而言谓之史，就其理而言谓之经；其为善者，存其迹，以示人；其为恶者，存其戒削其事，以杜奸；

此，夫子教化于人，为善去恶格物也，格心也，格其心之不正以归于正也！

明时，阳明先生言"无善无恶心之体，有善有恶意之动，知善知恶是良知，为善去恶是格物"，亦明夫子之意哉！

【现原文】

子与人歌而善，必使反之，而后和之。

【正解文】

子，遇人歌；而善，必使反之，而后和之。

【注释】

歌：歌诗也；诗可歌也。

善：美也；无淫靡之音也；纯义理而悦人心也。

而善：而其善者；所歌之诗歌之善者也。

必：必定，一定。

使：请。

反之：反复之反也，复之，重复之。

和之：随声和之也。

【正解】

夫子，遇人歌；而其善者，必请复之，而后和之。

【引解】

此，夫子为善也；多闻，择其善者而从之；见贤而思齐焉！

【现原文】

子曰："文，莫吾犹人也？躬行君子，则吾未之有得。"

【正解文】

子曰：文，莫我有人也；躬行君子，则吾未之有得。

【注释】

文：纹也，纹理也；心中有天纹地理也，心有文德也。

莫：无也。

未之有得：未得也，未及也，不及也。

【正解】

夫子曰：文德者，无我而有人也；躬行君子，则吾仍未及也。

【引解】

无我者，忘我也，大公无私，无意必固我，廓然大公也；有人者，利人利他利党利国利民利社会也，天下为公行大道也；

无我而有人者，文德也，文也。

"躬行君子，则吾未之有得"者，夫子谦也，不自以为是也；满招损，谦受益；已而成其为君子，成其为圣人也！

【现原文】

子曰："若圣与仁，则吾岂敢。抑为之不厌，诲人不倦，则可谓云尔已矣。"公西华曰："正唯弟子不能学也。"

【正解文】

子曰：若圣与仁，则吾岂敢！抑为之不厌，诲人不倦；则可谓云尔，已矣。

公西华曰：正唯弟子不能；学也！

【注释】

若：如；至于。

抑：只是，仅仅。

为之：为"去私欲而存天理"之行也，致知也，致良知也。

不厌：心不厌也。

诲人：教化于人而去人之晦也，使人致知也，使人致良知也。

不倦：身不倦也。

已矣：仅此而已。

公西华：夫子弟子；公西氏，名赤，字子华。

正唯：正是；正唯此，是。

不能：所不能也。

学也：需学也，需学知行也。

【正解】

夫子曰：若圣与仁，则吾岂敢自居！吾只是为之而心不厌，诲人而身不倦；仅若此而已！

公西华曰：此，正是弟子所不能也；需学也！

【引解】

夫子，谦也；其不自以为圣与仁，去欲存理，知行合一致其知，为之而心不厌，诲人而身不倦；而成其圣与仁也！

公西华，真学者也；能自知其所不能而学也，学则利行也；

不能者，不能"谦也"，不能"去欲存理，知行合一致其知，为之而心不厌，诲人而身不倦"也，不能"不自以为是"也。

【现原文】

子疾病，子路请祷。子曰："有诸？"子路对曰："有之。《诔》曰：'祷尔于上下神祇。'"子曰："丘之祷久矣。"

【正解文】

子，疾，病；子路请祷。

子曰：有诸？

子路对曰：有之，《诔》曰"祷尔于上下神祇"。

子曰：丘之寿，久矣。

【注释】

疾：欲速也；夫子欲速"辅相国君而济世安民也"。

病：疾而致病也，疾而病生也。

子路：夫子弟子；季氏，名仲由，字子路；简而近称由。

请：请命也；请于天地上下神祇也，祈也；祈者，示斤羊以请命于天地上下神祇也，示己之心也，祀也，祀而祥也。

祷：祀而天地示人以寿也。

诸：此事。

诔léi：所作祷辞也。

寿：化险为夷，逢凶化吉，心身安康，岁岁平安也。

【正解】

夫子，疾而致病；子路请于天地以祷。

夫子曰：有此事？

子路对曰：有之，《诔》曰"祷尔于天地上下神祇"。

夫子曰：天地示丘之寿，已久矣！足矣！

【引解】

夫子，圣也！

其日觉不足而日有余也；

以其知足而成其寿也，以其无私而佑其私也，以其不争而莫与之争也，以其不自以为圣而成其圣也！

以者，因也。

【现原文】

子曰："奢则不孙，俭则固。与其不孙也，宁固。"

【正解文】

子曰：奢则不孙，俭则固；与其不孙也，宁固！

【注释】

奢：奢侈也，奢靡也；骄奢淫逸也。

孙：小子也，忠其宗也。

不孙：不忠其宗，悖其宗也。

俭：简也，约也，俭朴也；朴者，朴素也，抱朴守一也。

固：固其本也；本者，根本也。

【正解】

夫子言：奢则悖其宗，俭则固其本；与其悖宗也，宁固其本！

【引解】

夫子教化于人，应去欲存理，尚俭去奢，抱朴守一，如保赤子，忠其宗而固其本！

林放问礼之本，夫子亦言"大哉，问！礼，与其奢也，宁俭"！

【现原文】

子曰："君子坦荡荡，小人长戚戚。"

【正解文】

夫子言：君子坦荡荡，小人长戚戚。

【注释】

曰：曰语也。

言：言理也。

长 cháng：长流水之长也，不间断也，常也。

坦荡荡：其心坦荡荡也，复心之本体也，廓然大公也；坦荡荡而现其大也。

长戚戚：其心长戚戚也，受私欲遮蔽而晦暗不明也；长戚戚而示其小也。

【正解】

夫子言：君子，其心坦荡荡而现其大；小人，其心长戚戚示其小。

【引解】

君子坦荡荡，心光明行磊落，而现其大也；小人长戚戚，心阴晦不以示人，而示其小也！

其心坦荡荡者，复心之本体也；

身之主宰便是心，心之本体便是知；复心之本体，便寂然不动，便未发之中，便廓然大公，自感而遂通，自发而中节，自物来顺应；

故而，现其大也，大人也，君子也！

【现原文】

子温而厉，威而不猛，恭而安。

【正解文】

子，温而励，威而不猛，恭而安。

【注释】

温：其性温也。

励：励人心志也。

威：权威也，威严也。

猛：武断而宜伤及其他也。

恭：其身恭也，躬其身而示人以礼也；小心与天地人共也；恭，则多安多吉也；小心行事而吉也。

安：其心安，而安人也。

【正解】

夫子，其性温而励人志，其权威而不伤人，其身恭而安人。

【引解】

此，言夫子执其中也，其未发之中，发而中节也，致中和也，参赞化育也。

题 结

述而者，述而不作，信而好古；正心修身齐家，道法自然，顺天应人也；

人在自然中，亦自然之一分子；自然者，变化无穷，周而复始，周易也；易简易能，易知易从，若正弦；

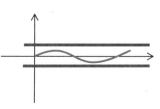

人立于天地之间有其心，恒其德发用施行于世，此即为卜；故而，人立于世，其行合乎天纹地理人心者，方可谓之卜；

亦若正弦，合乎"y=sinx"之理，x虽未发，然可知y；

故，卜无需占，仅需行，止行与时，则可知！此者，卜，顺乎天而应乎人，自与天人应！

天，即星象；人，即人事；而人事亦星象；星象亦自然也；

"人事亦星象"者，正若《论语·为政》言"为政以德，譬若北辰，众星共之"。

《易》者，转圜也，方圆也！圆者，合而顺也；方者，错以事也；此皆执其中也，未发之中，发而中节也，致中和也，参赞化育也；

述而之宗也！

泰伯·第八·安也

泰伯者，安也。

复心之本体也；寂然不动，感而遂通也；未发之中，发而中节也；廓然大公，物来顺应也；

天君泰然，百体从令，各司其职也；

此心安处，泰而安也；万物化育，欣欣而向荣；泰安也，国泰民安也！

● ○ ●

【现原文】

子曰："泰伯，其可谓至德也已矣。三以天下让，民无得而称焉。"

【正解文】

子曰：

泰伯，其可谓至德也，已矣！三以天下让；民，无得，亦称焉。

【注释】

泰伯：周之先贤也。

至德：德之至也；至者，至知之至也，止于至善之至也。

已矣：止矣，止于至善矣。

三：若"三省吾身"之三也，多次也。

无得亦称：虽无得亦称其德也。

【正解】

夫子曰：

泰伯，其可谓至德也；止于至善矣！多次以天下辞让；民，虽无得，亦称其德焉。

【引解】

泰伯，三以天下让，至德也，天下安也；民求安而非求得也，故，民虽无得亦称焉；

— 143 —

泰伯三让，而安天下；泰安也，国泰民安也！

【现原文】

子曰："恭而无礼则劳，慎而无礼则葸，勇而无礼则乱，直而无礼则绞。君子笃于亲，则民兴于仁，故旧不遗，则民不偷。"

【正解文】

子曰：

恭而无礼则劳，慎而无礼则葸，勇而无礼则乱，直而无礼则绞；

君子笃于亲，则民兴于仁；

故，旧礼不遗，则民不逾。

【注释】

礼：德也，道也；知也，本也；其心中也；九经者，皆礼也。

劳：劳其心身也。

葸 xǐ：心生怯也。

乱：易作乱也。

绞：偏执也，脆也。

笃：笃行也。

亲：己而及其亲及其民也；亲亲仁民也，亲其亲而仁其民也。

旧：往也，古也。

旧礼：周礼也。

遗：遗失；丢弃。

逾：逾矩也。

【正解】

夫子言：

恭而无礼，则劳其心身；慎而无礼，则心生怯；勇而无礼，则易作乱犯上；直而无礼，则脆而易折；

君子笃行于亲亲仁民，则民兴于仁；

故，旧礼不遗，则民不逾矩。

【引解】

礼者，其心存天理也；德也，道也；知也，本也；九经者，皆礼也；

修、尊、亲、敬、体、子、来、怀、柔，之为九经也；九经者，修身也、尊贤也、亲其亲也、敬大臣也、体群臣也、子庶民也、来百工也、怀诸侯也、柔远人也，皆礼也；

故，克己复礼，天下归于仁也！仁者，其心仁也；故，克己复礼，天下归心也！

【现原文】

曾子有疾，召门弟子曰："启予足，启予手。诗云：'战战兢兢，如临深渊，如履薄冰。'而今而后，吾知免夫！小子！"

【正解文】

曾，子有疾；召门弟子，曰：

启予足，启予手；若诗云"战战兢兢，如临深渊，如履薄冰"；而，今而后，吾知勉夫，小子！

【注释】

曾：曾经。

启：启蒙也，启动也。

今而后：自此而后。

勉：勉励；困知勉行也。

小子：众弟子也；小子者，孙也，忠其宗者也。

【正解】

曾经，夫子有疾；召门弟子，曰：

周礼，启予足，启予手；若诗云"战战兢兢，如临深渊，如履薄冰"；而，自此而后，吾则遇困而知勉行夫，众弟子！

【引解】

圣者，生知安行也；贤者，学知利行也；学者，困知勉行也；

夫子，虽圣者，犹不自以为圣，犹学也，犹知勉也；而况吾辈乎？

"周礼，启予足，启予手"者，学知利行也，学知周礼而利于行也；

"若诗云'战战兢兢，如临深渊，如履薄冰'"者，遇困也；

"而，今而后，吾知勉夫"者，遇困而知勉行也；

此，夫子教化于人，应学也，学知利行也；纵遇困，亦应困知勉行也！

【现原文】

曾子有疾，孟敬子问之，曾子言曰："鸟之将死，其鸣也哀，人之将死，其言也善。君子所贵乎道者三：动容貌，斯远暴慢矣；正颜色，斯近信矣；出辞气，斯远鄙悖矣。笾豆之事，则有司存。"

【正解文】

曾，子有疾；孟敬子问之，子言曰：

鸟之将死，其鸣也，哀；人之将死，其言也，善。

君子所贵乎，道者，三：动容貌，斯远暴慢矣；正颜色，斯近信矣；悦辞气，斯远鄙夷矣。

笾、豆之事，则有司存！

【注释】

曾：曾经。

孟敬子：时，鲁之大夫。

问：问候，慰问，看望。

暴慢：暴戾傲慢也。

鄙夷：遭人鄙夷也，遭人不敬也。

笾、豆之事：笾之事、豆之事；言繁杂琐碎之事也。

存：存于心也，用心去办也，尽心而为也。

司：各司其职之司也，各司尽其职也；司衔也。

有司存：有司尽心而为。

【正解】

曾经，夫子有疾；孟敬子问候之，夫子言曰：

鸟之将死，其鸣也，哀；人之将死，其言也，善。

君子所贵乎，其道者，有三：去欲存理，动容貌，端庄泰然，则可远暴戾傲慢矣；正颜色，和颜悦色，则可近乎信矣；悦辞气，辞和气顺，则可远鄙夷矣。

以此，虽笾、豆之事，则亦有司尽心而为！

【引解】

去欲存理而泰然也！君子素其位而行，复自道而得也；

斯可，暴慢鄙夷远乎身也，端庄泰然、和颜悦色、辞和气顺而可信于人也；

以此，天君泰然，而百体从令；各司其职，虽笾豆之事亦有司存也！

【现原文】

曾子曰："以能问于不能，以多问于寡，有若无，实若虚，犯而不校。昔者吾友尝从事于斯矣！"

【正解文】

曾，子曰：

以能问于不能，以多问于寡；有若无，实若虚；犯而不校。

昔者，无有，尝，从事，于斯矣！

【注释】

曾：曾经。

以：君子以厚德载物之以也，应也。

能：能者也。

多：多者也。

寡：少者也。

犯：人不知，而遭人不敬也，遭人冒犯也。

校 jiào：心有愠也，计较也；欲校 jiào 正也。

昔者：今昔也。

尝：尝试也，尝试而行也；困知勉行也。

从：从心也。

事：行也，为也。

于斯：若此也。

【正解】

曾经，夫子曰：

虽为能者，而亦应问于不能者；虽为多者，而亦应问于寡者；有若无，实若虚；犯而不必校。

然，今昔也，已无有，困知勉行，从心而为，若此矣！

【引解】

知之为知之，不知为不知；如是，方为知也！

能者，亦有其不能也；不能者，亦有其所能也；多者，亦有其无也；寡者，亦有其有也；

"有若无，实若虚"者，不自以为是也，不自满也，不自骄自傲也，谦也；满招损谦受益也！

"犯而不必校"者，人不知而不愠也；

三人行必有我师焉，择其善者而从之，"以能问于不能，以多问于寡"，日不足者日有余也！

═══ 【现原文】 ═══

曾子曰："可以托六尺之孤，可以寄百里之命，临大节而不可夺也，君子人与？君子人也。"

【正解文】

曾，子曰：

可以托六尺之孤，可以寄百里之命，临大节而不可夺也；

君子之人欤？君子，仁也！

【注释】

曾：曾经。

六尺之孤：六尺之孤儿，未成年之子；人之后也。

百里之命：百里苍生之性命也。

临大节：临大事有其节也；节者，亦坎也，难也，险也。

不可夺：不可夺其心志也。

147

【正解】

曾经，夫子曰：

可以托六尺之孤，可以寄百里之命，临大节而不可夺其心志也；

此，岂非君子之人欤？君子，仁也！

【引解】

君子，仁也；

可以托六尺之孤，可以寄百里之命，临大节而不可夺其心志者，君子也！

【现原文】

曾子曰："士不可以不弘毅，任重而道远。仁以为己任，不亦重乎？死而后已，不亦远乎？"

【正解文】

曾，子曰：

仕，不可以不弘德；毅，任重而道远。

仁以为己任，不亦重乎？死而后已，不亦远乎？

【注释】

曾：曾经。

仕：仕者也，仁也。

弘：弘德也，弘仁德也。

毅：坚毅，持志以恒也。

仁：仁德，弘扬仁德。

已：止也，息也。

【正解】

曾经，夫子言：

仕，不可以不弘仁德；且应持之以恒，坚毅而不改其志；因，其任重也，而其道远也。

以弘仁德为己任，其任不亦重乎？死而后方止息，其道不亦远乎？

【引解】

仁者，方可仕也；仕者，需仁也；故，仕不可以不弘扬仁德也；

此，夫子教化于人，执德应弘也，信道应笃也！遂，众弟子得教化，弘德笃道，广施教化；

若子张言"执德不弘，信道不笃，焉能为有，焉能为亡 wú？"

【现原文】

子曰："兴于诗，立于礼，成于乐。"

【正解文】

子曰：兴，于诗；立，于礼；成，于乐。

【注释】

兴：xīng 也，发也，起也，始也；亦 xìng 也，兴趣之兴也，愿也，意也，欲也。

诗：可歌也，咏其志也，利其志以立也。

立：立身也，立身于世也。

礼：亦理也，心存天理躬而示之于人之谓礼。

成：达也，达其命也，达其使命也。

乐 yuè：可使人心中悦而安也。

【正解】

夫子言：兴，于诗；立，于礼；成，于乐。

【引解】

乐 yuè 者，诗以歌之，礼以示之，而为乐 yuè 也；

可悦人心而安民，安百姓，安苍生万物也；而可利国泰民安也！

"兴，于诗"者，学也，学知利行也，学而立其志也；

"立，于礼"者，立身于世于知礼也；

"成，于乐 yuè"者，达其命于济世安民，利党利国利民利社会也。

有言曰"尽人事而俟天命"；命者，天命也，天赋使命也；尽人事者，运也，行若云，尽人心而事为也；

命运者，运方可得命，不运岂有命？去欲存理，顺天应人，尽心而为必可俟得天赋使命也！

此亦"兴于诗，立于礼，成于乐"也。

【现原文】

子曰："民可使由之，不可使知之。"

【正解文】

子曰：

民：可使，由之；不可使，知之。

【注释】

民，可使：可使之民也。

由之：任之也；使之自由也。

知之：使之知也，使之致知也，使之致良知也。

【正解】

夫子言：

民：可使者，则由之；不可使者，则知之。

【引解】

断句之要，毫厘之谬，其意则千里之别！

"民可使由之，不可使知之。"者，有言曰"民只可使之劳役，而不可使之知情"，此解，不妥！

民：可使，则由之所为，使之自由，则可也；不可使，则教化之，使之知，使之致知，使之致良知，则可也；

使民，合乎义，则民可使也！可使之民，则由之也；使之而不应，非可使之民也，则应知之也，应使之知也，使之致良知也；

君子者，其从心所欲亦不逾矩也，无需有所器也，可由之也！君子，可使之民也；可使之民，亦君子也；

以此而解，则可正心稳心也，则可利党利国利民利社会也！

【现原文】

子曰："好勇疾贫，乱也。人而不仁，疾之已甚，乱也。"

【正解文】

子曰：好勇疾贫，乱也；人而不仁，疾之已甚也，乱也。

【注释】

好 hào 勇：勇而无礼也。

疾贫：以贫为疾也；疾者，恶 wù 也。

疾之已甚：此疾乃病也。

乱：致乱也。

【正解】

夫子言：好勇且恶 wù 贫，则致乱也；人而不仁，病也，亦致乱也。

【引解】

夫子有言"勇而无礼则乱"，好 hào 勇者，勇而无礼也，且恶 wù 贫，必生豪夺之心，则必致乱也；

人而无仁德之心，则病也，已非人也，若禽兽甚禽兽，亦必致乱也！

【现原文】

子曰："如有周公之才之美，使骄且吝，其余不足观也己。"

【正解文】

子曰：如有周公之才之美，使骄且吝；其，余，不足观也，已！

【注释】

如有：纵有，即使有。

周公：姬氏，名旦；周之文王之子，武王之弟；辅相成王而安天下，大公者也，圣者也。

才：其所能也。

美：貌也，表也。

之才之美：才华与美貌也。

使：假使，如果。

骄：骄横，骄奢淫逸也。

吝：吝啬也；徒口有文而少其行也。

已：止也，不可也；须已也，需止也。

【正解】

夫子言：纵有周公之才之美，假使其骄且吝；则，其，余，皆不足观也；需止也！

【引解】

需止者，止其骄吝也！

骄吝，则失其仁也；人而不仁，疾之甚也，必致乱也；故而，需知止也！

━━━ 【现原文】 ━━━

子曰："三年学，不至于谷，不易得也。"

【正解文】

子曰：三年，学，不至；于谷，不易，得也。

【注释】

三年：言时之长 cháng 也，历时之久也。

学：学而时习，学知利行也。

不至：未至也，仍未止于至善也。

谷：低谷，坎也。

【正解】

夫子言：三年，学而知行，亦不能止于至善；于谷者，虽不易，终得也。

【引解】

三年，学而，亦不能至；虽不至，然利行也，学知利行也，学而致知利行也；

于谷者，虽不易，终得也！

学而致知终至也，至知也，至善也，得也，得之至也；泰也，安也！

谷者，亦坎☵也，水洊水，坎连坎；过则福也，否则祸也；

未济☲志行终既济☵，既济思患恒既济；

心诚求之，虽不中，不远矣！

【现原文】

子曰："笃信好学，守死善道。危邦不入，乱邦不居，天下有道则见，无道则隐。邦有道，贫且贱焉，耻也。邦无道，富且贵焉，耻也。"

【正解文】

子曰：

笃信好学，守至善；道！

危邦不入，乱邦不居；天下，有道则现，无道则隐；

邦有道，贫且贱焉，耻也；邦无道，富且贵焉，耻也！

【注释】

笃：笃行也。

信：信念，信仰也；信小康而后大同之共产主义之道也。

笃信：笃行于其所信之道也。

学：学而时习，学知利行也。

守：坚守，守其信也；一以贯之，持之以恒，终始一也。

至善：止于至善也。

危：危险也，隐微之患欲现而未现也。

乱：暴乱也，隐微之患之已现也。

现：现其言也，施其行也。

隐：隐其言也，遁其行也。

【正解】

夫子言：

笃信好学，守至善；乃道！

危邦不入，乱邦不居；天下，有道则现其言而施其行，无道则隐其言而遁其行；

邦有道，然贫且贱焉，应以之为耻也；邦无道，而富且贵焉，亦应以之为耻也！

【引解】

笃者，笃行也；信者，信念，信仰也；信小康而后大同之共产主义之道也；笃信者，笃行于其所信之道也！

执德应弘也，信道应笃也；子张亦言"执德不弘，信道不笃，焉能为有，焉能为亡 wú？"！

有道，其言足以兴，应现也，现其言而施其行也，而可来誉也；无道，其默足以容，宜隐也，隐其言而遁其行也；既明且哲也，可保其身也！

而今，大治之世，吾辈自当高举习近平新时代中国特色社会主义思想伟大旗帜，牢固树立四个意识，坚定四个自信，坚决做到两个维护，立"去私欲而存共产主义之天理"之志,不忘初心,牢记使命,志存高远,脚踏实地,为中国人民谋幸福,为中华民族谋复兴!

此若,《易》之《蹇》☵☶,山上有水,绿水青山也;不忘初心,牢记使命,跋山涉水而奋斗,蹇而来誉、来涟、来硕也,终必幸福也!

【现原文】

子曰:"不在其位,不谋其政。"

【正解文】

子曰:不在其位,不谋其政。

【注释】

位:所处也。

政:道也,理也,行也。

【正解】

夫子言:不在其位,不谋其政!

【引解】

"不在其位,不谋其政"者,素其位而行,思不出其位,君子也!

【现原文】

子曰:"师挚之始,关雎之乱,洋洋乎盈耳哉!"

【正解文】

子曰:师挚之始,《关雎》之乱,洋洋乎盈耳哉!

【注释】

师:太师也,可于太庙奏乐之大师也。

挚:执也,持也;持《关雎》之乐也,奏《关雎》之乐也。

之始:其初始也,当时也;奏《关雎》于太庙之当初也,始奏《关雎》于太庙也。

《关雎》之乱:始奏《关雎》于太庙,《关雎》之有淫靡之乱声也。

洋洋乎:其有淫靡之乱声而洋洋乎也。

盈耳哉:噪、杂、乱之声充于耳也,耳不清也,不静也,不顺也。

【正解】

夫子曰:太师奏《关雎》于太庙之始,《关雎》之有淫靡之乱声,其洋洋乎盈于耳哉!

【引解】

《关雎》者,《诗》之首篇也;夫子笔削删述《诗》之仅留三百而为经,《诗经》也;《诗》《书》《礼》《易》《春秋》《乐》六经者,皆然!

佞人殆，远佞人；郑声淫，放郑声；此放者，放弃也，删去也；

何也？郑声淫也，卫音靡也；夫子之教人，正心也；

故而，夫子删述六经而成《诗》《书》《礼》《易》《春秋》《乐》也；

原《诗》者，多郑卫之音也；郑声淫，卫音靡；使人贪图享乐，消磨人之心志也；

夫子教人，正心而思无邪也！

否则，心不正，思有邪，则会妄将"放"解之为"播放"也；更有甚者，妄曰"夫子亦有淫欲也"；若此，岂不是"心不正，思有邪"？且还以圣人之名掩己之私！

故而，夫子因"郑声淫"而"放郑声"，尽删郑卫之音而成《诗》三百；

一言以蔽之，夫子教人思无邪也，正心·修身·齐家也！

【现原文】

子曰："狂而不直，侗而不愿，悾悾而不信，吾不知之矣。"

【正解文】

子曰：狂而不直，侗而不愿，悾悾而不信，非吾之知矣！

【注释】

直：正也，其心正也；质之美也。

侗：与人侗也。

悾：心空也。

知：良知也；致知也，致良知也。

【正解】

夫子曰：狂而心不正，与人同而心不愿，心空空而不行其言；皆非吾之致知矣！

【引解】

狂而不直者，妄也；侗而不愿者，与人同而心不愿也，伪也；悾悾而不信者，心空空而不行其言也，亦非诚也；

此，夫子教化于人，何为知也，何为致知也！

【现原文】

子曰："学如不及，犹恐失之。"

【正解文】

子曰：

学：如不及，尤恐失之！

154

【注释】

学：学知也，学知利行也。

尤：尤其也。

【正解】

夫子言：

学：如不及，则不自满；尤恐失之，则可守！

【引解】

学者，学知也，求知也，致知也，学知利行也，学而求致知也；

所学者，道也，理也，其一也，去私欲而存天理也；

故而，夫子言"学，如不及，且尤恐失之"！

如不及者，自觉不足也，则不自满也，不自以为是也；

尤恐失之者，尤恐失其所学也，则其学可守也！

【现原文】

子曰："巍巍乎！舜、禹之有天下也而不与焉。"

【正解文】

子曰：巍巍乎！尧舜之有天下也，而不居焉！

【注释】

巍巍乎：顶天立地，巍然立于天地之间也。

有天下：天下归仁也，归心也。

居：自居也，拥为自有也。

【正解】

夫子言：

巍巍乎！尧舜之有天下也，其有而不自居焉！

【引解】

尧舜之有天下也，其有而不自居焉，而不拥为自有也；天下归于其仁心也！

大道之行也，天下为公！有功而弗居，方可成其大功；

此若水，善利万物而不争，以其不争而莫能与之争，以其无私故能成其私，以其不自以为圣而能成其圣！

【现原文】

子曰："大哉，尧之为君也！巍巍乎！唯天为大，唯尧则之。荡荡乎！民无能名焉。巍巍乎，其有成功也，焕乎其有文章！"

155

【正解文】

子曰:

大哉! 尧之为君也!

巍巍乎,惟天为大,唯尧则之! 荡荡乎,民无能名焉!

巍巍乎,其有成,功也! 焕乎,其有文,彰也!

【注释】

巍巍乎: 顶天立地,巍然立于天地之间也。

惟: 心中唯有也,惟精惟一也。

唯: 唯有也。

则: 法也;顺天应人而则天下也。

荡荡乎: 万物生发并育浩浩荡荡也。

无能名: 莫能名之。

其有成: 其有所成者。

功也: 大仁之功也。

焕: 焕然绚烂也。

其有文: 其有纹理者。

彰: 大德而彰也。

【正解】

夫子言:

大哉! 尧之为君也!

巍巍乎,惟 wéi 天为大,唯 wēi 尧则之! 荡荡乎,民莫能名之焉!

巍巍乎,其有成者,大仁之功也! 焕乎,其有纹理者,大德而彰也!

【引解】

道可道,非常道;名可名,非常名! 可道之道,非常道;可名之名,非常名!

无,而名天地之始;有,而名万物之母。

尧之则天下也,文天地之理而化民心;天下为公而行,大道也;大道者,行则可也,无需道也,亦不可道也;

故,可道之道,非常道,非大道,其莫可名也;是以,民日用常行而莫能名之也;

故而,尧舜之有天下也,其有而不自居焉;大道之行也,以天下为公,天下归于其仁心也!

【现原文】

舜有臣五人而天下治。武王曰:"予有乱臣十人。"孔子曰:"才难,不其然乎? 唐、虞之际,于斯为盛,有妇人焉,九人而已。三分天下有其二,以服事殷，周之德，其可谓至德也已矣。"

【正解文】

舜，有臣五人，而天下治；

楚武王，曰：

予，有臣十人，乱！

子曰：

才！难不其然乎？唐虞之际，于斯为盛。

有夫，人焉，九州而已；三分天下有其二，以，服，事殷；

周之德，其可谓至德也；已矣！

【注释】

舜：虞舜，先王也，圣者也。

舜有臣五人：舜有臣禹、稷、契 qì、皋陶 yáo、伯益五人也；禹，善治水灌溉；稷，善农耕种植；契，善构造建筑；皋陶，善陶器律令；伯益，善驯养牲殖。

治：可治，大治。

楚武王：春秋楚之武王也，芈姓，熊氏，名通，谥号武王。

才：材也；人之才也，仁也，德也；有德方有才也。

唐虞之际：唐尧虞舜之时也；尧，曾受封于唐，故称唐尧；舜，曾受封于虞，故称虞舜。

斯：这也，此指才也。

盛：昌盛也，注重也，提倡也，倡导也。

以：因也。

服：使民服也，使民心服也。

事：诚心而事也，尽心而为也。

殷：殷廷也，殷之国政也，殷之朝堂也。

周之德：周文王之仁德也。

至德：德之至也，仁德之至也。

已矣：止于至善矣。

【正解】

虞舜，有臣五人，而天下大治；

楚武王，叹曰：

然，予，有臣十人，仍乱！

夫子曰：

才也，德也！难不其然乎？唐尧虞舜之时，于德为盛，故而天下大治！

继而至周；有夫，人焉，九州而已；然，三分天下有其二，皆因其下心服于民而上诚事于殷廷也；

此，周文王之德，其可谓德之至也，明其明德，亲民，止于至善矣！

【引解】

德者，仁德也，去私欲而存天理也，心正也，身修也，行大道也！

德者，亦得也；

天大地大，德以大；德大才大，得亦大；大得得心，小得得利；得利不得心，利终亡；得心虽非利，而无不利！

正心、修身，德可厚也；

修身修得德渐厚，心身不染纤毫尘；自强不息初心守，厚德载物自然中！

━━━ 【现原文】此承上节 ━━━

子曰："禹，吾无间然矣。菲饮食而致孝乎鬼神，恶衣服而致美乎黻冕，卑宫室而尽力乎沟洫。禹，吾无间然矣！"

【正解文】

子曰：

禹，吾无见然矣；

菲饮食而致孝乎鬼神，恶衣服而致美乎黻冕，卑宫室而尽力乎沟洫；

禹，吾无见然矣！

【注释】

禹：舜之五臣之一，善治水灌溉；然，其传后者也，家天下之始者也，私天下之始者也。

无见：未见也。

然：如是也，若唐尧虞舜也。

吾无见然矣：吾未见其然也，吾未见其如唐尧虞舜周文也。

菲：薄也。

菲饮食：菲百姓之饮食也。

致孝乎鬼神：其未敬鬼神而远之也。

恶è衣服：恶è百姓之衣服也，使百姓之衣服恶è也。

致美乎黻fú冕：其亦未敬鬼神而远之也。

宫：家之居也。

室：至其家也。

卑宫室：卑百姓之宫室也，使百姓之宫室卑也。

尽力乎沟洫：尽力乎自家沟洫也。

【正解】

夫子曰：

禹，吾未见其然矣；

其，菲百姓之饮食而致孝乎所祭之鬼神，恶è百姓之衣服而致美乎祭祀之黻 fú 冕，卑百姓之宫室而尽力乎自家沟洫；

禹，吾无见其然矣！吾未见其如唐尧虞舜周文也！

【引解】

周文唐尧虞舜，德者，仁德者也，去私欲而存天理者也，心正者也，身修者也，行大道者也！

大禹，虞舜之能臣也，始，其善治水灌溉而利百姓者也；

舜没，及禹，而后；其，菲民之饮食而致孝乎所祭之鬼神，恶è民之衣服而致美乎祭祀之黻 fú 冕，卑民之宫室而尽力乎自家沟洫；禹也，其渐而心有私也，家天下之始者也！

此乃，夫子称文王而非周武也，称尧舜而非禹也；泰安也，国泰民安也，民安而国泰也！

题 结

尧之则天下也，文天地之理而化民心；天下为公而行，大道也；大道者，行则可也，无需道也，亦不可道也；

故，可道之道，非常道，非大道；大道者，其莫可名也；是以，民日用常行而莫能名之也；尧舜之有天下也，其有而不自居焉；大道之行也，以天下为公，天下归于其仁心也！

夫子称文王而非周武，称尧舜而非禹；以是，而泰安也，国泰民安也，民安而国泰也！

当今，大治之世，国泰民安，吾辈自当高举习近平新时代中国特色社会主义思想伟大旗帜，牢固树立四个意识，坚定四个自信，坚决做到两个维护，立"去私欲而存共产主义之天理"之志，不忘初心，牢记使命，志存高远，脚踏实地，为中国人民谋幸福，为中华民族谋复兴！

子罕·第九·虑也

题 解

虑者，何思何虑，虑去私欲而存天理也，致知也，致良知也；
夫子罕言利而虑天理，夫子讷于言而敏于行也！

● ○ ●

【现原文】

子罕言利与命与仁。

【正解文】

子，罕言利；与命，与仁！

【注释】

罕：鲜也，少也，不也。

言：说也，教也。

利：小利也；小利者，利己也；大利，利公也。

与：止行与时之与，合也，顺也。

命：天命，天赋使命；天理。

仁：里仁也，义也，礼也，信也，德也。

【正解】

夫子，鲜言利；其教人合乎天理，合乎仁也。

【引解】

小利，利己；大利，利公；利己终害己，利公必利己；

《易》之《乾》"元·亨·利·贞"之利，大利也，利公也，利天也；

夫子教化于人，顺乎天而应乎人也；天者，天理也；天命也，天赋使命也；

"去私欲而存天理"之共产主义之天理也；"不忘初心，牢记使命"小康而后
大同之共产主义之使命也。

【现原文】

达巷党人曰："大哉孔子！博学而无所成名。"子闻之，谓门弟子曰："吾

何执？执御乎？执射乎？吾执御矣。"

【正解文】

达巷；党人曰：大哉，孔子！博学而无所成名。

子闻之，谓门弟子曰：吾何执？执御乎？执射乎？吾执御矣！

【注释】

巷：街道，胡同；街头巷尾。

达巷：夫子之教化达于巷。

党：乡党，乡里。

党人：乡里人。

大哉：大气哉，其器局大哉。

无：不也。

无所成名：不以其所博学而成其名。

【正解】

夫子之教化达于巷；乡人曰：大哉，孔子！其博学，然不以其所博学而成其名。

夫子闻之，谓门中弟子曰：吾何能可执？执御乎？执射乎？吾何博何能？吾仅能执御而已！

【引解】

圣人不以己为圣，虽博学而不求名，有功而不居；

夫子，其博学，其有功，然其不求名也；夫子，圣人哉；大哉，夫子！

【现原文】

子曰："麻冕，礼也。今也纯，俭，吾从众。拜下，礼也。今拜乎上，泰也。虽违众，吾从下。"

【正解文】

子曰：

麻冕，礼也；今也，纯，俭；吾从众。

拜下，礼也；今，拜乎上，却泰也；虽违众，吾亦从下。

【注释】

麻冕：以麻制冕。

礼也：合乎礼制也。

今也：现今。

纯，俭：纯正，俭朴；制冕所用麻纯，且俭。

吾从众：吾遵从众人之所为。

拜下，礼也：拜谢下也，礼也，可安下也。

今，拜乎上，泰也：而今，众皆拜敬上而忽下，却心中泰然。

虽违众，吾亦从下：即使违众，吾从乎拜敬上亦拜谢下也。

【正解】

夫子曰：

以麻制冕，合乎礼也；现今，制冕所用麻纯，且俭；吾遵从众人之所为。

拜谢下，礼也；而今，众皆拜敬上而忽下，礼不周却心中泰然；即使违众，吾从乎拜敬上亦拜谢下也。

【引解】

夫子教化于人，心存天理，有敬谢之意，而示之于人，可谓礼；礼以周，礼周则可全也；以者，应也；

拜谢下也，礼也，可安下也；拜敬上，亦礼也，可使上泰也；

上泰下安也，下安上泰也，国泰民安也；

而今，众皆拜乎上却忽下；此，礼不周也；礼不周却心中泰然；非礼也！

拜敬上亦应拜谢下也！虽违众，吾从乎拜敬上亦拜谢下。

此者，虑也，虑而周也，周而可全也！

【现原文】

子绝四：毋意，毋必，毋固，毋我。

【正解文】

子，绝四：毋意，毋必，毋固，毋我。

【注释】

绝：少也，罕也；无也，不也。

四：四种偏执之性格。

毋：无也，不也；于己用"毋"，其本人"心中无"也，无妄念也；于人用"勿"，告诫他人"不可"也。

意：刻意也。

必：必欲也。

固：固执也。

我：唯我也。

【正解】

夫子，绝四者：其心中无刻意也，无必欲也，不固执也，不唯我也。

【引解】

夫子"己帅以正"而教化于人，毋意必固我也。

【现原文】

子畏于匡，曰："文王既没，文不在兹乎。天之将丧斯文也，后死者不得与于斯文也。天之未丧斯文也，匡人其如予何！"

【正解文】

子，畏于匡，曰：

文王既没，文不在兹乎？

天之将丧斯文也，后逝者不得与于斯文也；

天之未丧斯文也，匡人岂如予何？

【注释】

畏：委也，困也。

匡：匡邑，地名。

既没：过世以后。

文王：姬姓，名昌，周武王姬发之父，人称西伯侯；西周奠基人。

文：文德也；文明也，文化文明也，文其理而化其心而明也。

兹：此，此时此地。

丧：失也。

斯：这，此。

后逝者：后至者，后来者也；后人也。

不得：不能。

与：止行与时之与，与命与仁之与，顺也应也，合也。

与于：合乎。

未：不也。

岂：岂能，又能；怎会。

【正解】

夫子，受困委身于匡，曰：

自文王过世以后，文明岂已不在此地乎？

若天之将失此文德也，则后人皆不能合乎此文德，皆不得文明也；

若天之不失此文德也，则匡人心有文德，可施教化而文明，其怎会把我怎么样呢？

【引解】

夫子携众弟子，周游列国，广施文德教化；受困委身于匡，而无忧；

若天失文德，则人皆失文明；若天存文德，则人皆可文明；何可忧也？

明时，阳明先生《啾啾吟》"知者不惑仁不忧，君何戚戚眉双愁？信步行来皆坦道，凭天判下非人谋"亦述夫子之意。

故而，夫子以此教化于人，初心不忘，方得终始如一，何忧也！

【现原文】

太宰问于子贡曰:"夫子圣者与?何其多能也。"子贡曰:"固天纵之将圣,又多能也。"子闻之,曰:"太宰知我乎。吾少也贱,故多能鄙事。君子多乎哉?不多也。"

【正解文】

太宰问于子贡,曰:夫子,圣者欤?何,其多能也?

子贡曰:固,天纵之将圣,又多能也。

子闻之,曰:太宰知我乎?吾少也,贱,故多能鄙事。君子,多乎哉?不多也!

【注释】

多能:知多见多会多。

固:肯定。

纵:成也,使之成也。

又:且。

鄙:鄙人鄙见之鄙也,自谦之言。

鄙事:此等卑微之事。

【正解】

太宰问于子贡,曰:夫子,岂圣者欤?为何,其多能也?

子贡曰:定是,天使之将成圣也,且使之多能也。

夫子闻之,曰:太宰知我乎?非也;吾非圣亦非多能也。吾少也,贫也贱也位亦卑也,故多能鄙事。此,于君子,多乎哉?不多也!

【引解】

此,夫子教人,勿自以为是,勿居功自傲也!

神无方而易无体,君子以无知而无不知,无能而无不能,周流六虚,至知至能而至善也;

以者,应也。

【现原文】

牢曰:"子云:吾不试,故艺。"

【正解文】

牢曰:子云"吾,不试,故艺"。

【注释】

牢:夫子弟子,琴氏,名牢,字子开。

云:言。

试:言之式也,口说之形式也;徒说不做也,言而不行也。

不试:行也。

【正解】

牢曰：夫子曾言"吾，不徒说，学而习，知而行，故艺"。

【引解】

顺乎天之纹地之理，则宜；存乎心而为义；现乎世显于人而悦乎心，则为艺；

夫子曾言"吾心存天理，心中有义，不徒说于乡党与庙堂，学而习，知而行，行义于世，行义于日用常行，鄙人故多能鄙事也，故艺也"；

此，夫子教人，知行一也！明时，阳明先生"知行合一致良知"亦述夫子之意也！

【现原文】

子曰："吾有知乎哉？无知也。有鄙夫问于我，空空如也，我叩其两端而竭焉。"

【正解文】

子曰：

吾，有知乎哉？无知也，有鄙！

夫问，于我，空空如也；我，叩其两端而竭焉！

【注释】

有鄙：有能于鄙事而已。

夫问：夫之所问，此问。

于我：对于我。

空空如也：叩其两端而竭焉，无知也。

叩其两端而竭焉：空空如也，无知也。

【正解】

夫子曰：

吾，有知乎哉？无知也，有能于鄙事而已！

夫之所问，于我，空空如也；于我，若叩其两端而竭焉！吾，无知也！

【引解】

空空如也者，亦叩其两端而竭焉；叩其两端而竭焉者，亦空空如也；皆无也，无知也；

此，夫子教化于人：

去私欲而存天理也，心无闲思杂虑也，思无邪也；

过往不留也，心无执也；"应"无所住也，心空空如也，而可生其心也；而可虚怀若谷也；

此，至知也，方可无知而无不知也，方可知几也，方可不逆不臆而先觉也！

不逆者，不逆诈也；不臆者，不臆伪也；逆诈者，人未诈，己先诈也；臆伪者，人不伪，疑人伪也。

故而，圣者不自以为圣，有功而不居，知而不炫，能而不耀，无知而无不知，至知也！

【现原文】

子曰："凤鸟不至，河不出图，吾已矣夫！"

【正解文】

子曰：凤鸣不至，河不出图，吾已已矣！

【注释】

凤鸣：凤鸣西岐山，百鸟朝也；豫圣人将现矣。

不至：还未至。

河：河图洛书之河，黄河也；黄河出易图，洛山现藏书；豫盛世将至矣。

已已矣：已止矣，已老矣。

【正解】

夫子曰：凤鸣还未至，河还未出图，吾已老矣！夫，汝辈当志行，定将既济也！

【引解】

凤鸣西岐者，凤鸣西岐山，百鸟朝也；此，豫圣人将现矣！

河图洛书者，黄河出易图，洛山现藏书也；

龙马负图出黄河，伏羲画之而为易；遗世藏书现洛山，老子心德而为道；此，豫盛世将至矣！

此，夫子教化于人，未济☰☰志行终既济☰☰！吾虽老矣，然有汝辈；汝辈老矣，又有后辈；若黄河之水"逝者如斯夫，不舍昼夜"！

人之立志，当一以贯之，矢志不移，亦应若黄河之水"逝者如斯夫，不舍昼夜"，自上古至今以至将来，东流如海，矢志不移，初心不改！

【现原文】

子见齐衰者、冕衣裳者与瞽者，见之，虽少必作，过之，必趋。

【正解文】

子见，齐衰者、冕衣裳者与瞽者；见之，虽远必作；过之，必趋。

【注释】

齐衰者：遇有丧而多人同哀者也。

冕衣裳者：从头到脚都着丧服者也，着大孝服赴丧者也。

瞽者：哀丧而目瞽者也。

见之：远遇也。

作：作揖。

过之：近遇也。

趋：趋近，向前。

【正解】

夫子见到，遇有丧而多人同哀者、着大孝服赴丧者与哀丧而目瞽者；远而见之，虽远必作揖而敬也；近而过之，必趋前而致其心意也。

【引解】

此，夫子敬亡灵也，现其同理心也，遇有丧而行丧之礼也。

【现原文】

颜渊喟然叹曰："仰之弥高，钻之弥坚，瞻之在前，忽焉在后。夫子循循然善诱人，博我以文，约我以礼。欲罢不能，既竭吾才，如有所立卓尔。虽欲从之，末由也已。"

【正解文】

颜渊喟然叹曰：

仰之弥高，钻之弥坚；瞻之在前，忽焉在后；

夫子循循然善诱人，博我以文，约我以礼；欲罢，不能；

既，竭吾才，如有所立，卓尔；

虽，欲从之，末由之也；已！

【注释】

喟 kuì 然叹：由心而叹；此乃颜渊盛赞夫子也。

弥：更加。

博我以文：使我广博以其文德。

约我以礼：使我有所约束以其所教之礼义。

欲罢，不能：使我之私欲罢也息也去也，而不能显也现也。

既：既而。

竭吾才：尽吾才也。

所立：其志立也，立志也。

卓尔：志立而卓也。

虽，欲从之：虽仍有少欲而欲从之。

末由之也：未由此欲也；此欲已寡也，已末也；已弗由之也。

已：止矣；至矣。

【正解】

颜渊喟然叹曰：

夫子也，仰之弥高，钻之弥坚；瞻之在前，忽焉在后；夫子，君子也，不器也，周流六虚也；

夫子循循然善诱人，博我以文德，约我以礼义；夫子教我化我而使我致知也，致吾良知也；使我去私欲而存天理也；使我之私欲罢也息也去也，而不能显也现也；

既而，尽吾才也，使吾坦荡荡而立于世，若有所立而卓尔；所立者，吾志立也，立吾心志也；

吾虽仍有少欲而欲从之，然此欲已寡也，已未也，亦弗由之也；止矣，至矣；夫子之教，吾已近乎得矣！

【引解】

明时，阳明先生悟夫子之道，亦言"志不立，天下无可成之事"；

此，颜渊悟夫子之道而教人，去欲存理致良知，其志可立也，所立者，心志也！

心志立，则主宰常在，便可寂然不动，便可未发之中，便可廓然大公，自能感而遂通，自能发而中节，自能物来顺应；自可参赞天地之化育；

天下为公，行大道，则天下之事可成矣！

【现原文】

子疾病，子路使门人为臣。病间，曰："久矣哉，由之行诈也！无臣而为有臣。吾谁欺？欺天乎？且予与其死于臣之手也，无宁死于二三子之手乎！且予纵不得大葬，予死于道路乎？"

【正解文】

子，疾，病；子路使门人为臣。

病间，曰：

久矣哉！由，之行，诈也！无臣而为有臣，吾谁欺？欺天乎？

且，予，与其死于臣之手乎，无宁死于二三子之手也！

且，予，纵不得大葬，予死于道路乎？

【注释】

疾：疾速也，欲速也。

疾病：疾而病生也；欲速不达而病生也。

子路：夫子弟子；季氏，名仲由，字子路；简而近称由。

为臣：以家臣身份；以家臣身份为夫子备后事，料理后事。

久矣：天地神祇示丘以寿已久矣；寿命已久矣。

诈：欺也，不诚也。

吾谁欺：吾欺谁。

予：我。

无宁：不如宁愿。

纵：纵然，即使。

【正解】

夫子传道施行教化，欲疾速，然不达，而病生；子路使门人以家臣身份而为夫子备后事。

病间，夫子曰：

天地神祇示丘以寿已久矣，吾已足矣，吾寿已久矣哉！由啊，汝之行，诈也，欺也，不诚也！吾无臣而伪以为有臣，吾欺谁？欺天乎？

且，予，与其死于家臣料理后事之手乎，不如宁愿死于汝等二三子料理后事之手也！

且，予，纵然不得大葬，有汝等二三子，予岂会死于道路乎？

故而，诚，即可，无需诈也，不可欺也！

【引解】

夫子教化于人，诚也；诚则明也，明则诚也，明诚相生，则知也！

诚者，诚意也，诚其意也；夫子所教化于人之大道之学《大学》，阳明先生曾言"只是一个诚意"；

欲诚其意者，随意之所在之物而格之，格其心之不正以归于正，去其私欲而归于天理，则良知之在此事者无蔽而得致矣；

此者，格物致知也，正心修身齐家也！

【现原文】

子贡曰："有美玉于斯，韫椟而藏诸？求善贾而沽诸？"子曰："沽之哉，沽之哉！我待贾者也。"

【正解文】

子贡曰：有美玉于斯，韫椟而藏诸？求善贾而沽诸？

子曰：沽之哉！沽之哉！我，待贾者也。

【注释】

子贡：夫子弟子；端木氏，名赐，字子贡。

有：若有。

于斯：于此，在此。

韫 yùn 椟 dú：装于木匣中，放于木盒中。

诸：之，代指美玉。

善贾：好的商贾，靠谱的商贾，诚信的商贾。

沽：钓名沽誉之沽；沽价而卖，给出合理之价而卖。

我：若我。

待贾者：待善贾者也，待善贾而沽之也。

【正解】

子贡曰：若有美玉于此，应装于椟中而藏之？还是求诚信的商贾而沽之？

夫子曰：沽之哉！沽之哉！若我，则待善贾而沽之也。

【引解】

执德不弘，非德也；信道不笃，非道也；言而不行，非信也；

夫子教化于人，得美玉而不应藏，身有才而不应废；君子以怀德弘道，德才兼备，发用施行于世，自强不息，自能厚德载物！

以者，应也。

【现原文】

子欲居九夷；或曰："陋，如之何？"子曰："君子居之，何陋之有？"

【正解文】

子欲居九夷；或曰：陋，如之何？

子曰：君子居之，何陋之有？

【注释】

欲：打算，考虑，计划。

居：居于。

九夷：诸未开化之地，蛮夷之地。

或：有人。

陋：落后，荒蛮，不文明无礼仪。

【正解】

夫子欲居于九夷；或曰：荒蛮，不文明无礼仪，怎么办？

夫子曰：君子居之，何陋之有？君子不以之为陋也！

【引解】

此心安处皆可居！身居殿堂，心不安，亦九夷；虽居九夷，此心安，亦殿堂；

致良知者皆文明！虽有礼仪，无良知，纵身居殿堂亦蛮夷；纵无礼仪，致良知，虽身居九夷亦文明；

君子者，心也，非其表也！虽蛮夷，致良知，亦君子；自诩君子，无良知，亦蛮夷！

故而，夫子曰"君子居之，何陋之有"？

【现原文】

子曰："吾自卫反鲁，然后乐正，《雅》《颂》各得其所。"

【正解文】

子曰：

吾，自卫返鲁，然后《乐》正，《雅》《颂》各得其所。

【注释】

卫：春秋末期之卫国。

返：返回。

鲁：春秋末期之鲁国。

然：夫子放郑声，去卫音，删述《六经》初本之然也。

《乐》：《诗》《书》《礼》《易》《春秋》《乐》六经之《乐》也。

正：得其正也。

《雅》《颂》：《诗》之《雅》《颂》篇也。

各得其所：各就其位也，各复☰自道也。

【正解】

夫子曰：

吾，自卫返鲁，放郑声去卫音，删述《诗》《书》《礼》《易》《春秋》《乐》；

然后《乐》得其正，《雅》《颂》各得其所。

【引解】

夫子去欲存理致良知，一以贯之，持志以恒，弘德笃道，施行教化；

其放郑声去卫音，删述而成《乐》《诗》，久传于世而为《经》；《乐》者，得其正，可奏于庙堂与乡党，而移风易俗，风行教化；《诗》者，诗三百，陶冶心身去妄念，皆思无邪也；

《乐》《诗》之初，郑声淫，放之也；卫音靡，去之也；放者，放弃也；去着，去除也；皆删述也；

夫子，去欲存理，笔削删述，而成《诗》《书》《礼》《易》《春秋》《乐》，久传于世而为《六经》也！

【现原文】

子曰："出则事公卿，入则事父兄，丧事不敢不勉，不为酒困，何有于我哉？"

【正解文】

子曰：

出，则事公卿；入，则事父兄；

丧事，不敢不勉；不为酒困；

何，有于我哉？

【注释】

出：在外。

事：以诚相待，诚心而俸；诚也，敬也，知也。

公卿：公、众、朋、友。

入：在家。

父兄：父、母、兄弟、姐妹。

丧事：失事，失"以诚相待，诚心而俸"，失"诚／敬／知"也；丧者，失也。

勉：困知勉行之勉；勉励，加勉；自警，自省。

困：困其心志也。

何有于我哉：我有何哉。

【正解】

夫子曰：

在外，则以诚相待公、众、朋、友；在家，则诚心而俸父、母、兄弟、姐妹；

若失"诚／敬／知"，则不敢不自省；且不为酒困其心志；

何，有于我哉？吾仍有不足矣！

【引解】

夫子谦也，虚怀若谷也，圣者也；圣者，不自以为圣，有而以为无，足而以为缺，有功而弗居；

日觉有余者，日不足；日觉不足者，日有余；故而，圣者，不自以为是，不自傲，而可不器也！

【现原文】

子在川上曰："逝者如斯夫，不舍昼夜。"

【正解文】

子，在川上，曰：逝者如斯夫，不舍昼夜！

【注释】

川：大川，大河；此指黄河。

逝者：去者与来者。

斯：这；这大川之水。

不舍昼夜：昼夜不息；舍者，息也。

【正解】

夫子，在大川堤上，言：夫，万物去着与来者皆如此大川之水，东流如海，昼夜不息！

【引解】

万物，逝者若斯夫，不息也若昼夜，逝而生也，生生而不息！

正如夫子言"朝，闻道；夕，息；可矣"！朝，闻道而作；夕，日没而息；朝而夕，夕而朝也；作而息，息而作也；昼而夜，夜而昼也；生而死，死而生也；

当生不以死，当死必来生，生生不息也！

死者，逝也，去者亦来者也！

【现原文】

子曰："吾未见好德如好色者也。"

【正解文】

子曰：吾未见好德如好色者也。

【注释】

好 hào：喜好 hào。

色：美色，此指女人之美色。

【正解】

夫子曰：吾未见好德如好色者也。

【引解】

当是时，学之不讲，德之不修，礼崩乐坏，君不君，臣不臣，父不父，子不子；夫子，见卫灵公好南子之美色甚于好德而荒国政，故有此叹也！

【现原文】

子曰："譬如为山，未成一篑，止，吾止也。譬如平地，虽覆一篑，进，吾往也。"

【正解文】

子曰：

譬如，为山；未成，一篑；止，吾止也！

譬如，平地；虽覆，一篑；进，吾往也！

【注释】

曰：言也，言之以理也。

譬如：比如，例如，好比。

为 wéi 山：做山，堆土成山；为 wéi 者，使之为 wéi 也。

未成：还未成。

止：止行与时之止，需止也。

平地：使地平，削坎填坷使地平也；平者，使之平也。

虽覆：地虽已平覆。

进：前进，行也，止行与时之行也；需进也。

往：进也，行也。

【正解】

夫子言：

譬如，为山；还未成，仅差一篑，然，需止，则吾止也！

譬如，平地；虽已平，增一篑亦有余，然，需进，则吾往也！

【引解】

夫子教化于人，止行与时也；当行则行，当止则止；则可化险为夷，逢凶化吉！

止行与时；行，行也，止亦行也；止，止也，行亦止也；

与者，应也，顺也，顺乎天而应乎人也。

【现原文】

子曰："语之而不惰者，其回也。"

【正解文】

子曰：语之，而不惰者，其回也。

【注释】

惰：疲惫；懈怠。

回：夫子弟子，颜氏，名回，字子渊。

【正解】

夫子曰：语之，而不惰者，其回也。

【引解】

此，乃夫子诲人不倦也；亦颜渊乐学不疲，学而不厌也！

【现原文】

子谓颜渊曰："惜乎！吾见其进也，未见其止也。"

【正解文】

子，谓颜渊，曰：

惜乎！吾见其进也，未见其止也。

【注释】

谓：谈及。

颜渊：夫子弟子，颜氏，名回，字子渊。

惜：可惜；夫子谈及颜回而惋惜也。

进：行也，往也；进取，付出也。

止：停也，息也；歇息，回还也。

【正解】

夫子，谈及颜渊，曰：

惜乎！吾只见其行进也，而未见其止息也。

【引解】

此，夫子叹惜惋惜回也！惜其只知进而不知止也，只知行进而不知止息也！

夫子教化于人，止行与时，当进则进，当止则止也。

止行与时；进，进也，止亦进也；止，止也，进亦止也；

与者，应也，顺也，顺乎天而应乎人也。

【现原文】

子曰："苗而不秀者有矣夫，秀而不实者有矣夫。"

【正解文】

子曰：苗而不秀者有矣夫，秀而不实者有矣夫。

【注释】

苗：出苗，长苗。

秀：秀其花，秀其穗，开花抽穗。

实：结其实，成其果。

【正解】

夫子言：夫，苗而不秀者有矣，秀而不实者有矣！

【引解】

此，夫子教化于人，与其秀而不实，宁不秀也！

【现原文】

子曰："后生可畏。焉知来者之不如今也？四十五十而无闻焉，斯亦不足畏也已。"

【正解文】

子曰：

后生可畏！焉知来者之不如今也？

四十五十而无闻焉，斯亦不足畏也；已！

【注释】

后生：后来者也，后来之生者也，后来之苍生也。

可畏：可敬也，可敬畏也。

焉知：怎么知道，如何知道。

来者：后来者也，后生也。

今：当今者也，现今者也；当今汝等吾辈者也。

四十五十：年过四十五十之年岁也。

无闻：默默无闻也，无闻于世也。

斯：这，此。

不足畏：不足虑，不足忧也；没什么大不了的，没什么可怕的。

已：止也；知止，则可也。

【正解】

夫子曰：

后生可畏，后生可敬也！焉知后来者之不如今者也？

若四十五十而无闻焉，此亦不足畏也，不足虑不足忧也；知止，可矣！

【引解】

此，夫子教化于人：

后生，可敬也，可成事者也，可成"小康而后大同"之梦想也；而非令人畏惧者也！

勿意必固我，勿刻意，勿必欲，勿固执，勿唯我也！知止，则可矣！

吾辈未成，当属后生，后生可敬，后生可成！

人若年过四十五十而仍默默无闻，此亦不足畏也，不足虑不足忧也，此亦没什么大不了的；勿忘勿助，致知，知止，则可也！

"逝者如斯夫，不舍昼夜"，后生可敬，一以贯之，持志以恒，"小康而后大同"之梦想，后生可成！

【现原文】

子曰："法语之言，能无从乎？改之为贵。巽与之言，能无说乎？绎之为贵。说而不绎，从而不改，吾未如之何也已矣。"

【正解文】

子曰：

法语之，言能无从乎？改之为贵；

巽与之，言能无悦乎？绎之为贵；

悦而不绎，从而不改，吾未如之何也；

已矣！

【注释】

法：则也，规也，律也，约也。

能无：能不。

从：遵从，服从，遵守。

改：从心而改，不贰过。

巽：和风；恭顺柔和也。

与：相与，相随；顺也，附和也。

悦：心悦也，称心如意也，顺心也。

绎：分而析也，以知其隐微也。

如之何：如何之；怎么办。

已矣：止矣；不能日新矣。

【正解】

夫子曰：

以法而语之，其言能不遵从乎？然，能从心而改之为贵；

恭顺而相随，其言能不顺心乎？然，能绎之而知其隐微为贵；

若，心悦而不分析，屈于法威仅表面服从而不从心而改，则吾亦未能如之何也；

其已矣，止矣，不能日新矣！

【引解】

此，夫子教化于人，知行合一致良知也！

知过则改，不贰过；悦而能绎；则可日新，日日新，又日新；

则可知也，则可不逆不臆而先觉也！

不逆者，不逆诈也；不臆者，不臆伪也；逆诈者，人未诈，己先诈也；臆伪者，人不伪，疑人伪也。

【现原文】

子曰："主忠信，毋友不如己者，过则勿惮改。"

【正解文】

子曰：主忠信，无有不如己者；过，则勿惮改！

【注释】

主：身之主宰也，心也；心专主也，专一也。

忠信：与人以忠，言而有信也。

过：过犹不及之过也，过错也。

惮：忌惮也。

改：改过也。

【正解】

夫子言：

专主忠信，则没有不如己者；有过，则勿忌惮，改之，即可也！

【引解】

此，亦夫子教化于人，知行合一致良知也！

主者，身之主宰也，心也；心专主也，专一也；

事妻，事父母，事君，皆需忠也；与朋友交，需信也；

主忠信，忠信亦理也,理一也,主一也；心主一,则无私欲也,则纯乎天理也；

金无杂色则谓精，人无私欲即为圣；心主一，则圣也；

己圣，则视人亦圣也；己圣，则人人皆圣也；

故而，主忠信，则无有不如己者也。有过，勿忌惮，改之，即可也。

夫子教化于人：去私欲而存天理也；学而时习之，学应习也；习者，实践也，践行也，行也；学而弗行，非学也；行而不彰，已学也；学亦行也，知行一也，致知也，致良知也。

【现原文】

子曰："三军可夺帅也，匹夫不可夺志也。"

【正解文】

子曰：三军，可夺帅也；匹夫，不可夺志也！

【注释】

三军：大军也。

帅：三军之统帅也。

匹夫：养马赶马之夫，马夫也。

志：心志也。

【正解】

夫子言：纵三军，亦可夺其帅也；虽匹夫，亦不可夺其心志也！

【引解】

纵者，纵然；虽者，即使；志者，心志，己可从心而改之，然人不可夺之！

故而，夫子言"纵然三军，亦可夺其帅也；即使匹夫，亦不可夺其心志也"！

【现原文】

子曰："衣敝缊袍，与衣狐貉者立，而不耻者，其由也与？不忮不求，何用不臧。"子路终身诵之。子曰："是道也，何足以臧？"

【正解文】

子曰：衣敝缊袍，与衣狐貉者立，而不耻者，其由也欤！不忮不求，何用不臧？

子路终身诵之；子曰：是，道也！何足，以臧？

【注释】

衣：穿，着。

敝：破，旧。

立：并立，站在一起。

不耻：不以之为耻。

由：夫子弟子；季氏，名仲由，字子路；简而近称由。

不 bú 忮 zhì：心不支也，不唯我也，不忌也；心中无己则不忌也。

不 bù 求 qiú：心中无己求也，不刻求也，无妄求也。

不忮不求：心无贪也，心无己也，心无私欲也；去私欲而存天理致良知也。

用：发用，施行于世。

臧：宝藏也，善者也。

终身：终日，总是。

是：如是。

以臧：以之为臧，以之为宝藏，以之为善。

【正解】

夫子曰：穿着破旧缊袍，与穿狐貉裘衣者并立站在一起，而不以之为耻者，其由也欤！其如《诗》云"不忮不求，何用不臧"？

子路闻之而终身诵之；夫子曰：如是者，乃道也！何足，以之为臧？

【引解】

夫子教化于人，去私欲而存天理，心中无私，则诚也；

人生致善，只一诚字：善能诚好 hào，无念不善；恶 è 能诚恶 wù，无念及恶 è！

故，去欲存理致良知者，何用不善？何用不臧？臧者，宝藏也，善也！如何发用不是善者哉！如何发用不是己之宝藏哉！

此乃，夫子教子路"如是者，乃道也！何足以之为善，何足以称诵，何足以沾沾自喜哉？"

子路闻道而又日新也！

【现原文】

子曰："岁寒，然后知松柏之后雕也。"

【正解文】

子曰：岁寒，然后，知松柏之后凋也！

【注释】

岁寒：年中寒冬，寒冷之至。

知：可知，可察，可见。

后：鲜也；鲜乃少也，近无也；故而，后者，乃未也，近不也。

凋：凋谢，枯萎。

【正解】

夫子言：寒冬之至，然后，可知松柏之不凋也！

【引解】

夫子教化于人，去欲存理，知行合一，致良知也！

发用施行于世，经世致用，历风霜雨露，方可知也，方可日新也，方可见真也！

真者，真情，真爱，真理，真知也！

【现原文】

子曰："知者不惑，仁者不忧，勇者不惧。"

【正解文】

子曰：知者不惑，仁者不忧，勇者不惧。

【注释】

知者：致知者，至知者也；勉知者，学知者，生知者也。

仁者：力行，而近乎仁者也。

勇者：知耻，而近乎勇者也。

惑：心或也，心中不一也，心有私也，有二心也。

忧：忧愁也。

惧：惧其私也，惧己之私心妄欲也。

【正解】

夫子言：致知者，可渐而不惑；致仁者，可渐而不忧；致勇者，可渐而不惧。

【引解】

圣者，生知而安行；贤者，学知以利行；学者，困知而勉行；生知安行而乐之也，学知利行而可好之也，困知勉行则可知之深也！

夫子《礼记·中庸》亦言"好学近乎知，力行近乎仁，知耻近乎勇"；夫子，虽圣者，犹不自以为圣，犹学也，犹知勉也；而况吾辈乎？

故而，夫子言"致知者，可渐而不惑；致仁者，可渐而不忧；致勇者，可渐而不惧"！

勇者，勇于面对、勇于挑战、勇于战胜己之私心妄欲者，其不惧己之私心妄欲也；

阳明先生有言"凡，言语正至快意时能截然忍默者，意气正至发扬时能翕然收敛者，嗔怒嗜欲沸腾时能廓然消化者，方大勇也！"

阳明先生《啾啾吟》言"知者不惑仁不忧，君何戚戚眉双愁？信步行来皆坦道，凭天判下非人谋"，乃以其知行合一之行而述夫子之意也！

【现原文】

子曰："可与共学，未可与适道；可与适道，未可与立；可与立，未可与权。"

【正解文】

子曰：

可与，共学；未可与，适道。

可与，适道；未可与，立。

可与，立；未可与，权！

【注释】

与：止行与时之与，志同道合也，休戚与共也；道同可相与谋者也。

适道：未可与者，各适其道也；可与者，共适其道也。

立：未可与者，各立也；可与者，共立也。

权：权变，通而权变而达也，通权达变也。

【正解】

夫子言：

可与，则共学；未可与，则各适其道。

可与，则共适其道；未可与，则各立。

可与，则共立；未可与，则需权变也！

【引解】

《易》言"穷则变，变则通，通则久"；穷者，穷途末路之时也；穷途末路之时，则需变也，变则通也，通则可久也！

故而，夫子言"共学，未可与；共适道，未可与；共立，亦未可与！此穷途末路之时，则需权变也"！

权变则通，通则久；则，可与立，可与适道，可与共学也！

【现原文】

"唐棣之华，偏其反而。岂不尔思，是室远而"。子曰："未之思也。夫何远之有！"

【正解文】

或曰"唐棣之华，偏其反而；岂不尔思，是室远而！"

子曰：未之思也！夫何远之有？

【注释】

或：有人。

唐棣之华：唐棣之花也；唐棣者，一草木也。

偏其反而：随风翩翩翻舞。

岂不尔思：岂不思尔，怎么思念你。

是室远而：因住室距离远而。

未之思也：未思之也。

何远之有：有何远也。

【正解】

有人言"唐棣之华，偏其反而；岂不尔思，是室远而！"

夫子曰：实乃，未思之也！诚思，夫何远之有？

【引解】

夫子教化于人，应诚也；思之不诚，且辩解，亦伪也！

夫子以为，非思而找辞，非理也，强辞而夺理也！

"唐棣之华，偏其反而；岂不尔思，是室远而！"存于原《诗》，《诗》之初也；

因其不诚也，伪也，强词夺理也，夫子删之也；夫子删述原《诗》而成《诗》三百，流传于世而为《经》，皆思无邪也，皆合乎理也，皆顺乎天而应乎人也！

故而，此言不见于今之《诗经》。

题　结

夫子罕言利，虑也；虑去私欲而存天理也，虑格物致知也，何思何虑哉？

格物者，格心也，格其心之不正以归于正；致知者，致良知也，致良知而至知也；

与命与仁者，虑而得也；得者，得理也，得顺乎天而应乎人之天理也！

乡党·第十·得也

得者，德也，德则得也；大得得心也，得道也；乡党者，乡邻和睦，守望相助也。

天大地大，德以大；德大才大，得亦大；大得得心，小得得利；得利不得心，利终亡；得心虽非利，而无不利！

去欲存理而致知，正心·修身，德可厚也；

修身修得德渐厚，心身不染纤毫尘；自强不息初心守，厚德载物自然中！

定·静·安·虑·得，得于乡党，则可乡邻和睦，守望相助和谐邻里；得于朝堂，则可礼仪得体，不卑不亢；此皆得顺天应人之理也，得理于心也。

● ○ ●

【现原文】

孔子于乡党，恂恂如也，似不能言者。其在宗庙朝廷，便便言。唯谨尔。

【正解文】

夫子于乡党，恂恂如也，似不能言者。其在宗庙朝廷，便便言；唯谨尔。

【注释】

乡党：乡邻，乡村邻里。

恂 xún 恂：温和恭顺，似胆怯；心中敬也，谦也，不张扬不炫耀也。

似：好似，好像。

宗庙朝廷：国之公器所在之处也。

便 pián 便言：便便而言，言语流畅也。

唯谨尔：只是谨慎，严谨而已。

【正解】

夫子于乡党，温和恭顺若胆怯的样子，好似不能言者。然，其在宗庙朝廷，便便而言；只是严谨而已。

【引解】

夫子教化于人，应谦也敬也，勿炫也耀也！

夫子，于乡党，恂恂如也，似不能言者，乃夫子不逞其所能也；

于宗庙朝廷，偏偏言，唯谨尔，乃夫子在其位谋其政，尽责也！

【现原文】

朝，与下大夫言，侃侃如也；与上大夫言，訚訚如也。君在，踧踖如也，与与如也。

【正解文】

朝：

与下大夫言，侃侃如也；

与上大夫言，訚訚如也；

君在，踧踖如也，与与如也。

【注释】

朝：朝堂也。

下大夫：若后世九卿之官员。

侃侃：侃侃而谈，轻松、自在、欢快。

上大夫：若后世六部之官员；亦上卿。

訚 yín 訚：恭敬、正直、严谨。

踧 cù 踖 jí：恭敬若不安，诚惶诚恐。

与与：合乎礼与义，不卑不亢。

【正解】

于朝堂上：

夫子与下大夫言，侃侃而谈，轻松、自在而欢快；

与上大夫言，恭敬、正直而严谨；

若国君在，夫子则诚惶诚恐，恭敬似不安，合乎礼义而不卑不亢也。

【引解】

此者，皆礼也！

君在，夫子踧踖如也，与与如也；乃夫子心中敬也畏也，于君前诚惶诚恐也，合乎理也，亦礼也！

【现原文】

君召使摈，色勃如也，足躩如也。揖所与立，左右手，衣前后，襜如也。趋进，翼如也。宾退，必复命曰："宾不顾矣。"

【正解文】

君召，使摈。

色，勃如也；足，躩如也；揖所与立，左右手，揖前后，襜如也；趋进，翼如也。

宾退，必复命，曰：宾，不顾矣！

【注释】

君：国君。

摈：迎接宾客。

色，勃如也：神色庄重。

足，躩 jué 如也：快步走路。

揖所与立：向所与立者作揖，向所迎宾客作揖。

左右手：向左拱手作揖，继而向右拱手作揖。

揖前后：向立于前者作揖，继而向立于后者作揖。

襜如也：有条不紊，风度翩翩。

趋进：快步向前。

翼如也：风吹两袖，若鸟之舒展双翼。

宾退：宾客已告退；告退者，告辞而退。

必复命：必回复君命；受命于君，必定回复君命，有始有终也。

宾，不顾矣：目送宾客，至宾客行远而不回首致谢矣。

【正解】

国君召夫子，使之迎宾客。

夫子迎宾客，其神色庄重，快步相迎；向所迎宾客作揖致敬，向左继而向右拱手，向立于前者继而向立于后者作揖，其有条不紊，风度翩翩；其快步向前时，风吹两袖，若鸟之舒展双翼。

宾客告退后，夫子必复君命，而曰：已送宾客行远而不回首矣！

【引解】

夫子迎送宾客，敬重有加，合乎理义，礼也；迎送宾毕而复君命，有始有终，亦礼也！

【现原文】

入公门，鞠躬如也，如不容。立不中门，行不履阈。过位，色勃如也，足躩如也，其言似不足者。摄齐升堂，鞠躬如也，屏气似不息者。出，降一等，逞颜色，怡怡如也。没阶，趋进，翼如也。复其位，踧踖如也。

【正解文】

入公门，鞠躬如也，如不容；立，不中门；行，不履阈；

过位，色，勃如也；足，躩如也；其言似不足者；

摄齐升堂，鞠躬如也，屏气似不息者；

出，降一等，逞颜色，怡怡如也；没阶，趋进，翼如也；

复其位，踧踖如也！

【注释】

公门：公堂，朝堂等国之公务府衙之门。

鞠躬如也：恭敬谨慎之状，躬身示敬。

如不容：如有不容自己之状。

色，勃如也：神色庄重。

足，躩 jué 如也：快步走路。

摄齐升堂：人摄足而到齐，时辰至，而升公堂。

息：气息，呼息，喘息。

出：出公堂。

降一等：每走下一级台阶。

逞颜色：舒展脸色，舒展神情。

没阶：下完台阶。

趋进：向前行进。

翼如也：风吹两袖，若鸟之舒展双翼。

复其位：退复其位，回复到自己本职岗位。

踧踖：君子终日乾乾，夕惕若厉，而无咎；常怀戒惧之心而不敢稍有懈怠。

【正解】

夫子入公门，恭敬谨慎，如有不容自己之状；其站立，不于中门；其行，不踩门槛；

国君至而过其位，夫子则神色庄重，快步行进，且其所言似底气不足者；

人摄足而到齐，时辰至，而升公堂，则夫子躬身示敬，且屏其气似不能息者；

夫子出公门，每下一级台阶，其神色舒展一分，而怡然自得；夫子下完台阶，向前行进，风吹两袖，若鸟之舒展双翼；

夫子回复其位，终日乾乾，夕惕若厉，若不安也！

【引解】

夫子教化于人，应常怀戒惧之心，顺乎天而应乎人，敬爱天地万物之自然，而不能有丝毫懈怠也！此乃乾☰之九三，君子终日乾乾，夕惕若厉，无咎。

复☷，地下有雷，万物复苏也；七而来复，周而复始也；土地动而大地复苏，万物生生也；

复者，复其位也，素其位而行思不出其位也，在其位谋其政也；复者，致中和也，天地位焉，万物育焉；复者，裁成辅相也，裁承天地之道，辅相天地之宜也！

复其位者，复自道也，若小畜☲之初九，复自道，何其咎？吉！

【现原文】

执圭，鞠躬如也，如不胜。上如揖，下如授。勃如战色，足蹜蹜如有循。享礼，有容色。私觌，愉愉如也。

【正解文】

执圭，鞠躬如也，如不胜；上，如揖；下，如授；勃如，战色，足蹜蹜如有循。享礼，有容色；私觌，愉愉如也！

【注释】

执：执掌，手持。

圭：臣子上朝言事之用，事之梗要题于圭，执圭于手中；言事时，作提醒纲要之用。

鞠躬如也：恭敬谨慎之状，躬身示敬。

如不胜：如不胜举也，敬也；举圭如有不胜也。

上：上举。

下：下执。

如揖：如作揖。

如授：如受命于君。

勃如：庄重之状。

战色：战战兢兢之色。

足蹜 sù 蹜如有循：小碎步，脚步小而密，如有所遵循；此，夫子心中敬而诚惶诚恐也；而非惊慌失措也。

享礼：安享于人之施礼，安享于世人以礼而行也。

有容色：有婉容之色；心中悦也。

私觌 jiǎn：公门之外，客舍接见。

愉愉如也：亦心中悦也，坦荡荡，愉悦之情形于色也。

【正解】

夫子执圭，恭敬谨慎，如不胜举也；其上举也，如作揖；其下执也，如受命于君；庄重，且有战战兢兢之色，足蹜 sù 蹜如有所循。

夫子安享于世人以礼而行，其有婉容之色；夫子私下见客，坦荡荡，愉愉如也！

【引解】

足蹜 sù 蹜如有循者，夫子心中敬而诚惶诚恐也，脚下有循也；诚惶诚恐者，心怀戒惧也，慎独也，而非惊慌失措也；

享礼者，夫子安享于人之施礼也，安享于世人以礼而行也；

及至私觌，愉愉如也，亦以礼待人也；

此，皆合乎理也，皆礼也！

夫子知行合一致良知，携众弟子，发用施行于世，风行教化；以礼义教化于人，众人得教化以礼而行，和谐于世，国泰民安；此之谓礼教也！

【现原文】

君子不以绀緅饰，红紫不以为亵服。当暑，袗绤，必表而出之。缁衣羔裘，素衣麑裘，黄衣狐裘。亵裘长，短右袂。必有寝衣，长一身有半。狐貉之厚以居。去丧无所不佩。非帷裳，必杀之。羔裘玄冠不以吊。吉月，必朝服而朝。

【正解文】

君，子，不以绀緅饰；红紫不以为亵服；

当暑，袗绤，必表而出之；

当寒，缁衣，羔裘；素衣，麑裘；黄衣，狐裘；亵裘长，短右袂；必有寝衣，长一身又半；狐貉之厚，以居；

去丧，无所不佩，非帷裳，必杀之；羔裘玄冠不以吊；

吉月，必朝服而朝。

【注释】

君，子：国君，子民；国君与子民，国君与臣民。

不以绀 gàn 緅 zōu 饰：不应以绀緅为饰，不应以绀緅之色为饰。

亵 xiè 服：居家随和之服也。

红紫不以为亵服：不应以红紫为亵服；不应以红紫为亵服之色也。

当暑：当值暑夏；暑者，日照当头之时也。

袗 zhěn 絺 chī 绤 xì：袗者，单衣；絺者，细葛布料；绤者，粗葛布料；袗绤者，着绤之袗也，穿着用细葛布或粗葛布做的单衣。

必表而出之：必表之而可出也；定要穿上外衣方可外出；必者，定也。

当寒：当值寒冬；寒者，空中飘雪之时也。

缁 zī 衣：黑色外衣，黑色罩衣。

羔裘：黑色羊皮裘衣。

素衣：白色外衣，白色罩衣。

麑 ní 裘：白色鹿皮裘衣。

黄衣：黄色外衣，黄色罩衣。

狐裘：黄色狐皮裘衣。

亵裘：居家随和之裘衣。

袂 mèi：衣袖。

必有寝衣：定要备有可寝睡之大衣。

长一身又半：长一身半，可寝睡之用。

狐貉 mò 之厚，以居：以狐貉之厚居也；垫以狐貉 mò 之厚毛皮，以便居坐于地。

去丧：丧期既满。

非帷裳：只要不是帷裳；帷裳者，帏而做裳也，以整块布料而做衣裳也；帷裳者，孝服也，礼服也，朝服也。

必杀之：必裁之，必去之；去多余之饰也。必者，必须也。

羔裘玄冠不以吊：不以羔裘玄冠吊也，吊者，吊丧也；不应穿羔裘玄冠去吊丧。

吉月：满一月；丧期过后满一月也。

必朝服而朝：定要穿朝服而上朝；必者，定也；朝服者，穿着朝服也；而朝者，而上朝，而朝见君子也，复君命也。

【正解】

服丧期间，以尽丧礼！

国君，子民，均不应以绀 gàn 緅 zōu 之色为饰；不应以红紫为亵 xiè 服之色；

当值暑夏，着 chī 绤 xì 之单衣，定要穿上罩衣方可外出；

当值寒冬，应缁 zī 衣罩羔裘；素衣套麛 ní 裘；黄衣表狐裘；亵裘应长，右袂 mèi 应短；定要备有可寝睡之大衣，长一身又半，可寝睡之用；且应垫以狐貉 mò 之厚毛皮，以便居坐于地；

丧期既满，虽曰无所不佩，然，非帷裳，必去之；此若，不应穿羔裘玄冠去吊丧；

丧期过后满一月，定要穿朝服而上朝；丧礼毕，待吉月，而复君命也！

【引解】

服丧期间，以尽丧礼，以者，应也；尽丧礼者，亦孝也；

"当暑，当寒"者，皆合乎理义也，皆哀而不伤其身也；

此，夫子教化于人，合乎理义而尽丧礼也！

【现原文】

齐，必有明衣，布。齐必变食，居必迁坐。

【正解文】

齐，必有明衣，布；

齐后，必变食，居坐必迁。

【注释】

齐：齐哀，齐哀吊丧也。

明衣：明白之孝衣，明显的白色孝衣。

布：棉麻布料所制。

齐后：齐哀吊丧之后。

必变食：必变其饮食。

居坐：其居坐之所。

必迁：必迁移他处。

【正解】

齐哀吊丧，必有明衣，棉麻布所制；

齐哀吊丧之后，必变其饮食，其居坐必迁，迁往坟前守孝。

【引解】

齐者，寄哀情而齐祭亡灵也，恭而祭之于天地之间也，合乎理也，敬也，亦礼也；

居坐必迁者，迁往坟前守孝而居也；此，夫子教化于人，齐哀吊丧之礼，守孝之礼也。

【现原文】

食不厌精，脍不厌细。食饐而餲，鱼馁而肉败，不食。色恶，不食。臭恶，不食。失饪，不食。不时，不食。割不正，不食。不得其酱，不食。肉虽多，不使胜食气。惟酒无量，不及乱。沽酒市脯不食。不撤姜食，不多食。

【正解文】

食，不厌精；脍，不厌细；

食，饐而餲，鱼馁而肉败，不食；色恶，不食；臭恶，不食；失饪，不食；不时，不食！

坐不正，不食；不得其正，不食；

肉虽多，不使胜食气；惟酒无量，不及乱；沽酒市脯不食；

不撤美食，不多食！

【注释】

食，不厌精：粮食不厌其精；精者，精一也，纯也，洁也。

脍kuài，不厌细：鱼和肉不厌其细；脍者，鱼肉或猪羊肉也；细者，切细也，剁细也。

食，饐而餲：食物吃过一次而变深褐色；霉变变色的剩饭剩菜剩肉。

鱼馁而肉败：鱼糟馁而肉腐败；鱼馁者，鱼死后而变糟馁；肉败者，猪羊肉腐烂败坏。

不食：不食用，不吃。

色恶è：颜色不好，已变色。

臭 xiù 恶 è：气味不好，已变味；臭 xiù 者，气味也。

失饪：烹饪失度，未烹饪至熟。

不时：不合时宜。

坐不正：坐姿不正；心不端身不正也。

不得其正：不得"来源"之正也；其源不正也。

肉虽多，不使胜食气：丧礼之筵席，虽主家上肉之多，亦不多食也；虽者，即使；不使胜食气者，不多食也。

惟 wéi 酒无量，不及乱：惟有酒无定量也，以不致乱为宜。

沽酒市脯不食：买来的酒和肉不食；沽者，沽价而买也；市者，称斤两而买也。

不撤姜食，不多食：丧礼之筵席，虽主家不撤姜食，亦不多食也。

【正解】

丧礼，筵席之上；

于主家，粮食，不厌其精；鱼和肉，不厌其细；

霉变之剩食，糟馁之鱼，腐败之肉，不食；颜色不好之食，不食；气味不好之食，不食；烹饪失度之食，不食；不合时宜之食，不食；不食者，不良之食材，不予客食也！

于客，坐不正，不食；不得其正，不食；不食者，已心身不正，不吃也；

虽主家上肉之多，亦不多食；惟酒不定量，以不致乱为宜；主家若欲沽酒市脯而待客，然客不应食也；

虽主家不撤姜食，亦不多食也！

【引解】

"食不厌其精，脍不厌其细"者，精益求精也；精者，惟精惟一也；

昔日，陆澄曾问阳明先生："惟精惟一"是如何用功？先生曰：

"惟一"是"惟精"之主意，"惟精"是"惟一"之功夫；非"惟精"之外复有"惟一"也；

"精"字从米，姑以米譬之：要得此米纯然洁白，便是惟一意；然非加"舂 chōng 簸 bǒ 筛 shāi 拣 jiǎn"惟精之工，则不能使之纯然洁白也；舂簸筛拣皆惟精之功，然亦不过要得此米纯然洁白而已；

博学·审问·慎思·明辨·笃行者，皆所以为惟精，而求惟一也；而求诚意之唯一也，而求至知之唯一也；诚意者至知也，诚者知也；

其他如，博文者，即约礼之功；格物致知者，即诚意之功；道问学即尊德性之功，明善即诚身之功；无分而二说也！

"色恶，臭恶"者，好 hào 好 hǎo 色，恶 wù 恶 è 臭 xiù 之臭也，而非恶 è 臭 chòu 也；诸"不食"者，不良之食材，不予客食也；主家敬客也，宽厚也，无欺也，礼也！

"坐不正，不食；不得其正，不食"者，己心身不正，不食也；心不正，则坐不正也；心不正，则猎奇食异也；终有祸殃也，殃己及人也；

当是时，肉为贵；"肉多"者，主家敬客也，宽厚也，礼也；"肉虽多，不使胜食气"者，纵肉多，亦不多食，谦让也，亦礼也；方可和也，和者，贵也！

"惟 wéi 酒无量，不及乱"者，当是时，酒非贵重之物，家家有之；筵席之上，惟有酒无定量也，以不致乱为宜；不及乱者，还未及心乱／口乱／身乱之机也；乱者，言语乱也，手脚乱也，心志乱也；

"沽酒市脯"者，主家敬客也，宽厚也，礼也；"沽酒市脯不食"者，不为主家增负担也，谦让也，亦礼也；

"不撤美食"者，主家敬客也，宽厚也，礼也；"不撤美食，亦不多食"者，亦不为主家增负担也，谦让也，亦礼也；

诸上，皆礼也；夫子教化于人，去欲存理致良知，诚心中有礼，则无时无处不礼也！

礼者，心中诚也，与人善也；岂繁文缛节哉？

岂有先知而后行哉？知之真切笃实处即是行，行之明觉精察处即是知；知行一也！

【现原文】

祭于公，不宿肉。祭肉不出三日。出三日，不食之矣。

【正解文】

祭于公，不宿肉；祭肉，不出三日，出三日，不食之矣。

【注释】

祭于公：祭于天地之公理也。

不宿肉：不用宿肉也；宿肉者，过夜之肉，食剩过夜之肉。

祭肉：所用于祭祀之肉。

不出三日：不宜放过三日也，存放不宜超出三日也；出者，超过，超出也。

不食：不宜食也。

【正解】

祭于天地之公理，不用食剩过夜之肉；所用于祭祀之肉，存放不宜超出三日，若超出三日，则不宜食也。

【引解】

"祭于公，不宿肉"者，敬也，诚也；敬于天地之公理也；

"祭肉，不出三日，出三日，不食之"者，爱人也；

此，夫子教化于人，敬天爱人也，天地人一也，和而谐也。

【现原文】

食不语，寝不言。

【正解文】

食，不语；寝，不言。

【注释】

食：用餐，吃饭。

语：言语，说话。

寝：就寝，寝眠，睡觉。

言：亦言语，说话。

【正解】

食，则不宜语；寝，则不宜言。

【引解】

用餐之时不宜言语，就寝之后亦不宜言语；夫子教化于人应专一也！

【现原文】

虽疏食菜羹瓜祭，必齐如也。

【正解文】

虽，蔬·食·菜·羹，必祭，必齐如也。

【注释】

虽：即使，纵使。

蔬·食·菜·羹：日常饭菜；蔬者，蔬菜，食材，未成品；食者，粮食，食材，未成品；菜者，蔬菜已做成菜，食物，已成品；羹者，粥·汤，食物，已成品。

必祭：定要祭谢于天地之公理也。

必齐如：定要同祭，共祭也；心中诚敬而共祭谢于天地也；齐者，齐祭也。

【正解】

即使，蔬·食·菜·羹，亦必祭谢天地之公理，与餐者且必共祭也，恭如也，敬如也。

【引解】

虽，仅有蔬食菜羹，亦必祭，且必齐如也；

夫子教化于人，敬谢天地之自然，敬畏天地之公理，天地人和谐与共也。

【现原文】

席不正，不坐。

【正解文】

席不正，不坐。

【注释】

席：坐席，坐位和席位。

【正解】

坐席不摆正，不就坐。

【引解】

"席不正，不坐"者，席不正，己摆正，方可坐也；

"席不正，不坐；坐不正，不食"者，夫子皆教化于人，自重也，敬也，敬谢天地之自然，敬畏天地之公理。

【现原文】

乡人饮酒，杖者出，斯出矣。

【正解文】

乡，人，饮酒；杖者出，斯出矣。

【注释】

乡：乡里睦邻。

人：与人。

仗者：拄杖者，老人。

斯：才。

【正解】

夫子，在乡里，与人饮酒结束，待老人出，己才出也。

【引解】

"杖者出，斯出矣"者，敬人也，礼义；

夫子教化于人，去欲存理致良知，诚心中有礼，则无时无处不礼也！

【现原文】

乡人傩，朝服而立于阼阶。

【正解文】

乡，人，傩；朝，服，而立于阼阶。

【注释】

乡：乡里睦邻。

人：与人。

傩 nuó：立于天地之间，驱除心中邪念之仪式也。

朝 zhāo：早上，朝阳初升之时也。

服：着装，着礼服，穿上礼服。

阼 zuò 阶：乡里祭台东阶。

【正解】

夫子，在乡里，与人共傩 nuó；早上，着礼服，而立于祭台东阶。

【引解】

"傩 nuó"者，立于天地之间，驱除己心之邪念，之仪式也；心中诚而敬于天地，庄严而肃穆；

夫子教化于人，去私欲而存天理，致良知也；敬也，敬谢天地之自然，敬畏天地之公理也；

人立于天地之间，人在做，天在看，《易》之暌☲☱也；

暌者，看也，众目暌暌之暌也；泽上有火，清楚明朗也；日照河泽，光天化日之下也；

暌者，纵使无人睹，亦有天在看也；

故而，人之需慎其独也；心之私欲莫显现于隐微也；心之私欲于隐微时即以去也。

此若，暌之辞"小事吉"；

小者，小心也；小心与共也，乃恭也；恭，则多安多吉也；故而，小心者，亦慎独也，慎其独时之心思也；慎其私欲萌发于隐微也；事者，与共也，共事也，行事也；

故而，若暌之辞"小事吉"，小心行事，则吉也；慎思慎行，慎独，思无邪，则吉也，可化险为夷也，可逢凶化吉也，终可致远也！

【现原文】

问人于他邦，再拜而送之。

【正解文】

问人，于他邦；再拜，而送之。

【注释】

问：问候。

人：家人，家乡人，故乡人。

于他邦：在他乡，在他邦之乡也。

再拜：多次拜谢。

送之：远送之，远送家乡之人。

【正解】

夫子，于他邦，遇家乡人而问家乡；家乡人辞行之时，夫子多次再拜，并远送。

【引解】

当是时，夫子携弟子，周游列国施行教化，于他邦；乡人辞行，夫子再拜而送之，礼也；

礼者，诚也，敬也，出于心也；无心，非礼也；诚心中有礼，则无时无处不礼也！

【现原文】

康子馈药，拜而受之。曰："丘未达，不敢尝。"

【正解文】

康子，馈药；

拜而受之，曰：丘未达，不敢；

尝。

【注释】

康子：季康子也，季氏，名肥，谥康，后人称之为"季康子"。

馈：馈赠，馈送。

拜：拜谢。

丘：夫子也，孔氏，名丘，字仲尼；夫子自称其名，谦也。

未：未尝，未曾。

未达：未尝达门拜望。

不敢：不敢当也，不敢当其礼也，不敢承当康子送药之礼也；受之有愧也。

尝：品尝，当面品尝；信人也。

【正解】

夫子疾，季康子，馈送其药；

夫子拜谢而受之，曰：丘未尝达门拜望，今有疾而受馈尔药，实不敢当此礼，实受之有愧矣！

遂，夫子尝其药。

【引解】

季康子也，季氏，名肥，谥康，后人称之为"季康子"；时，鲁三桓之首也，代君行国政，辅相鲁君而宰其国也；

"夫子尝其药"者，以示信也，信季康子也，无疑于人也；

夫子，不逆不臆而不为人所欺也；

不逆者，不逆诈也；不臆者，不臆伪也；逆诈者，人未诈，己先诈也；臆伪者，人不伪，疑人伪也；

不为人所欺者，不为人所陷也，不为人所欺诈也；

夫子，信也，知也！得道而多助也！

【现原文】

厩焚，子退朝，曰："伤人乎？"不问马。

【正解文】

厩焚；

子，退朝，曰：伤人乎？

不问马。

【注释】

厩焚：马厩失火。

退朝：从朝堂回来。

【正解】

马厩失火；

夫子，退朝回来，曰：伤人乎？

而不问马。

【引解】

夫子仁也，仁于人也，爱人也；仁者爱人也；夫子教化于人，仁也。

【现原文】

君赐食，必正席先尝之。君赐腥，必熟而荐之。君赐生，必畜之。

侍食于君，君祭，先饭。

【正解文】

君，赐食，必正席先尝之；君，赐腥，必熟而荐之；君，赐生，必畜之。

侍，食，于君；君祭，先饭。

【注释】

赐：恩赐，奖励。

食：熟食，已成品。

必：定也。

正席：正其席也，使席正也。

腥：生鱼生肉，未成品。

熟：烹饪至熟。

荐：供奉于先祖，进献于长老；长老，长者及老者。

生：生灵，生畜。

畜：畜养，畜而生也，蓄而养也，使之生生不息也。

侍：侍坐，侍于旁。

食：用餐。

于君：于君旁。

祭：祭祀于天地先祖。

先饭：先食，先用饭；亦先尝之也。

【正解】

君，赐熟食，必正席正身而先尝之；君，赐生鱼生肉，必烹熟而先供奉于先祖，进献于长老；君，赐生畜，必畜而生之。

侍坐，且需用餐于君旁；君祭天地先祖之后，已先用饭。

【引解】

"君，赐食，必正席先尝之"者，以示敬重也，以示信于君也；

【现原文】

疾，君视之，东首，加朝服，拖绅。

【正解文】

疾，君视之；东首，加朝服，束绅。

【注释】

疾：疾而病生也。

视：看望，慰问。

东首：向东叩首；东者，太阳初升之方也，尊也贵也，君主也；东首者，向君叩首拜谢君恩也。

加朝 cháo 服：朝服加于身也。

束绅：以绅束也，以绅带束其服也；束修也，束装修发立冠也，修身也。

【正解】

夫子疾，君视之；加朝服，束绅，向君叩首拜谢君恩也。

【引解】

"东首，加朝服，束绅"者，加朝服，束绅，而东首也；起于床，朝服加身，束绅，而向君叩首拜谢君恩也；

此者，夫子知恩而报也，礼尚往来也；夫子得理，礼存于心，叩首拜谢以示敬重也，以示谢恩也；

夫子教化于人，礼也。

【现原文】

君命召，不俟驾行矣。

【正解文】

君命召，不俟，驾行矣。

【注释】

召：有召，召见。

不俟：不等，不等匹夫也；匹夫者，赶马驾车之夫也。

驾行：自驾车马而行也。

【正解】

君命有召，不俟匹夫，自驾车马而行矣。

【引解】

君命有召，即行也；不可不调也，不调者，尾大也；行者，往也，往而有功也；

有功于君也，君者，公也，天下之公也；有功于天下也；

夫子教化于人，行也！

行者，笃行也，知行合一致良知而行也。

【现原文】

入太庙，每事问。

【正解文】

子，入太庙，每事，问。

【注释】

太庙：供奉炎黄尧舜太祖之庙堂也。

每事问：每遇不知之事，而问也。

【正解】

夫子，入太庙，每遇不知之事，而问也。

【引解】

此，夫子教化于人：

知而不行，非知也，不知而伪以为知，亦非知也；不知不问，非礼也。

知之为知之，不知为不知；如是，则知也。不知而问焉，自知也，心诚也；

自知者，明也；如是，亦礼也。

【现原文】

朋友死，无所归，曰："于我殡。"

【正解文】

曰：朋，友；死，无所归；于我殡。

【注释】

朋友：朋而友之也。

死，无所归：死后，无人敛而无所归也。

于我殡：由我殡也；吾殡之也，则其死而有所归也。

【正解】

夫子曰：朋，应友之也；其若死，无所归；吾殡之，则其死而有所归也。

【引解】

朋者，邻也，比也；朋以友也，应以友而处之也，朋友也；纵不敬我，吾亦友之也；

其若死，无所归；吾殡之，则其死而有所归也；

夫子亦教化于人，仁也，仁人也，施仁于人也。

【现原文】

朋友之馈，虽车马，非祭肉，不拜。

【正解文】

朋友之馈，虽车马，非祭肉；不拜！

【注释】

朋友：朋而可友之者，友也。

虽：即使，纵使。

非：若不是。

拜：行大礼而拜也。

【正解】

朋友之馈赠，纵使车马，若非祭肉；虽致谢意，然不行大礼而拜也！

【引解】

夫子仁人，以友而礼其朋，而得朋之友，朋友者也；朋友回礼以尚往来，而馈送夫子；

礼尚往来，夫子受之；纵使车马，若非祭肉，夫子受之，虽致谢意，然不行大礼而拜也！

若祭肉，则应行大礼拜谢而后方可受之也；祭肉者，祭天地之公理也；拜者，拜天地之公理也；

此者，礼也，合乎天地之理也；

夫子去欲存理致其知，从心所欲而不逾矩也！

【现原文】

寝不尸，居不容。

【正解文】

寝，不尸；居，不容。

【注释】

寝：寝眠。

不尸：不宜若死尸那般僵硬。

居：居家。

不容：不宜若做客那般拘谨。

【正解】

寝眠，不宜若死尸那般僵硬；居家，不宜若做客那般拘谨。

【引解】

夫子去欲存理致其知而得理也，得宜乎天地之理也；宜乎理者，心中诚敬，即礼也；

去私欲而存天理，则心即理也，格物致知而至心中纯乎天理时，从心所欲亦不逾矩也！

【现原文】

见齐衰者，虽狎必变。见冕者与瞽者，虽亵必以貌。凶服者式之，式负版者。有盛馔，必变色而作。迅雷风烈必变。

【正解文】

见齐哀者，虽狎必变；见冕者与瞽者，虽亵必以貌；

丧服者，轼之；轼，附板者；

有盛馔，必变色而作；

迅雷风烈，必变。

【注释】

齐哀者：遇有丧而多人同哀者也。

狎 xiá：色欲生而有欲亲近之意也。

变：变而庄重也。

冕者：冕衣裳者，从头到脚都着丧服者，着大孝服赴丧者也。

瞽者：哀丧而目瞽者也。

亵 xiè：亵渎之心也。

貌：庄重之貌也。

丧服者：着丧服者也，着大孝服者也。

轼 shì 之：扶之轼 shì 也，扶灵柩之轼也；灵柩者，板也，棺也。

轼 shì，附板者：轼，附于板者也，灵柩之可扶者也；板者，棺也，灵也，灵柩也；故而，轼者，板之轼也，灵之轼也，棺之轼也。

盛馔 xùn：盛宴也；馔 xùn 者，酒肉美食也。

必变色而作：定要转变以庄重之色而作揖敬拜。

迅雷风烈：雷迅而风烈也。

必变：定要变更丧礼之日程也；日程者，日期及行程也。

【正解】

见丧礼之齐哀者，纵有狎 xiá 意亦必变以庄重；见冕者与瞽者，纵有亵 xiè

意亦必变有庄重之貌；

着大孝服者，扶灵之轼；轼者，附于板者也；

丧间，纵有盛馔 xùn，亦必变以庄重之色而作揖敬拜后方可食之；

若遇，迅雷风烈，则必变更丧礼之日程。

【引解】

夫子教化于人，诚也，敬也，知也；当行则行，当止则止，顺乎天而应乎人也；此，则礼也！

【现原文】

升车，必正立，执绥；

车中不内顾，不疾言，不亲指。

【正解文】

升车，必正立，执绥；

车中，不内顾，不疾言，不亲指。

【注释】

升车：蹬车，上车。

必正立：必立正其身。

执绥 suī：手执车绥 suī 也；绥 suī 者，蹬车扶手，蹬车手带。

内顾：车中环看。

疾言：快言，快语。

亲指：用手指指点点。

【正解】

上车，必正立其身，执绥 suī 而上；

车中，不内顾，不疾言，不亲指。

【引解】

"不内顾"者，信也；"不疾言，不亲指"者，敬也；

此者，礼也；礼者，合乎理从心而发也，诚也，敬也，良知也！

【现原文】

色斯举矣，翔而后集。曰："山梁雌雉，时哉时哉！"子路共之，三嗅而作。

【正解文】

色，斯举矣，翔而后集；

《诗》曰：山，梁，雌雉；时哉，时哉！

子路恭之，三嗅而作。

【注释】

色：手足眉目之形色也，示人之貌也。

斯：这样，如此。

举：举止，所行所止也。

翔而后集：生发而后集于一也，万变不离其宗也。

《诗》：《诗》《书》《礼》《易》《春秋》《乐》六经之《诗经》也。

山，梁，雌雉 zhì：山川，粱米，雌雄雉鸟。

时哉：止行与时也。

恭之：变色恭之，变庄重之色而恭之。

三嗅：三嗅其味也。

作：作揖敬拜也。

【正解】

手足眉目之形色，应如此而举止矣，则可翔而后集，集于理，此之谓礼也；

若《诗》云：山川，粱米，雌雄雉 zhì 鸟；时哉，时哉！生发与时，止行与时也！

丧礼间，子路见盛馔 xùn，变庄重之色而恭之，三嗅其味而作揖，而后方飨 xiǎng 之。

【引解】

色者，心之意欲之所现也，显于脸显于眼显于眉者也，示人以貌也；

狎·褺·庄·重·敬·喜·怒·哀·乐者，皆色也。

翔者，礼之形也，若飞翔之雉 zhì 鸟，形色多样，不可穷尽；集者，礼之理也，集于一也；

"翔而后集"者，礼，生发其形，虽形色多样，然而后皆集于一也，万变不离其宗也；一者，一其心也，一于理也，一于天理也；

礼者，合乎理从心而发也，诚也，敬也，良知也！

题 结

礼者，理之形也；理者，礼之义也；

夫子得也，德而得理也，得天理也，得天地万物一体之仁之理也；

其携弟子，施行于乡党，风行教化，顺乎天而应乎人也，道也；

道者，人之行也；儒者，人之需也；佛者，人不妄为也；

得其理者，万物各得其所，各复其位，大道至简也！

附录1 之卦

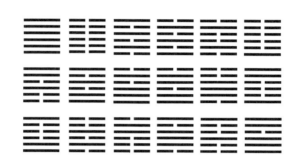

【正解】

乾☰，自强不息，乾也，天也；

坤☷，厚德载物，坤也，地也；

需☵，天上有雨，水润大地，万物需也；

兑☱，yuè，泽涟泽，悦其心也，心中悦也；

坎☵，水涟水，坎连坎；过则福也，否则祸也；

渐☶，风过山石，风而化也；山上有木，渐长也；

暌☲，泽上有火，日照河泽，清楚明朗也；朗朗乾坤，海晏河清也；

恒☳，风行雷动，常也，恒也，久也；

益☴，雷厉风行，益也；舍己而益人，终益己也；

损☶，山下有泽，山脚有水，损也；损人而利己，终损己也；

益者，增也；损者，减也；

损益者：损有余而益不足，其治可平；损不足而益有余，其势可进；

简言之：益不足而可治，益有余而可进。

复☳，地下有雷，万物复苏也；七而来复，周而复始也；

未济☵，水在火下；志行，终既济也；

既济☵，水在火上；思患，恒既济也；

解䷧，水动也，冰而化也，结而释也；险以动，动而免乎险也；化解也；

蹇䷦，山上有水，绿水青山也；不忘初心，牢记使命，跋山涉水而奋斗，蹇而来誉、来连、来硕也，终必幸福也；

萃䷬，地上有泽，方以类聚，物以群分也；方于利而行，多怨也；放于利而行，无怨也；方于理而行，则可通达也；

鼎䷱，木上有火，德以配位也；否则，凶也；

艮䷳，山连山，山中有水，山外有山；君子以素其位而行，思不出其位；艮，止也；时止则止，时行则行，动静不失其时，其道光明；知止，吉也；

小畜䷈，天上有风，风行天上；健而巽，刚健而柔顺，刚中而志行，君子以懿文德，亨也。

附录2 《百年大党看今朝》

百年大党看今朝

上承尧舜周文武，经伦春秋儒释道；

先秦一统而两汉，三国两晋南北朝；

隋唐五代传至宋，元明清后至今朝；

自强不息初心守，一以贯之行大道；

未济志行终既济，厚德载物自然得；

大得得心无不利，既济思患恒既济；

小过赦而贤才举，习坎坎已非坎矣；

道法自然天人应，中华盛世天下平！

后　记

　　吾虽不才，然用心学习实践体悟中国优秀传统文化，知行合一致其知，从心体悟《传习录》《周易》《道德经》《大学》《中庸》《论语》等祖国文化瑰宝，大道至简，而后从易而解，期以正心稳心，坚定国人四个自信。

　　不求异于人，但求同于理；实属吾之浅见，欢迎广大有志于弘扬中国优秀传统文化者交流探讨批评（153583567@qq.com）。

　　学而时习之，希翼能为大家带来清新明朗的心身体悟，若着实受用，乃吾荣幸，望对大家能有些许参阅价值。

　　敬谢之至！